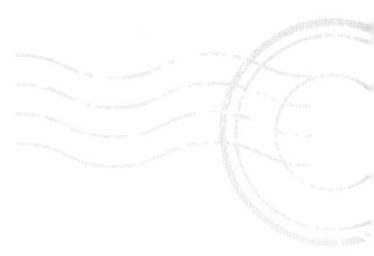

훈련병 아들에게 보내는
소방관 아빠의 편지

훈련병
아들에게 보내는
소방관
아빠의 편지

지은이 홍창우, 유명희
그린이 이정민
디자인 박재일(디자인트로이)
펴낸이 유명희
펴낸곳 솜니움북스

1판 1쇄 발행 2023년 09월 13일
출판신고 제2023-000003호(2023. 02. 17.)
주　소 46228 부산 금정구 금샘로 420번길13
이메일 changmoon74@naver.com

ISBN 979-11-982496-1-6

저자와 출판사의 허락 없이 내용의 일부를 인용하거나 발췌하는 것을 금합니다.

가격은 뒤표지에 있습니다.
잘못 만들어진 책은 구입처에서 바꾸어 드립니다.

< 군입대 헤어컷 >

차례

추천의 글 4

프롤로그 14

1장. 훈련병 아들에게 보내는 소방관 아빠의 편지

01. 기다리는 연습 18
02. 함께하는 가족 21
03. 매듭짓기 24
04. 행복한 노후? 26
05. 호칭의 중요성 29
06. 배움의 목적 32
07. 지구를 지켜라 35
08. 아빠의 넘버 원~ 에이스 민성에게 37
09. 우다다! 우리는 다 다르다~ 40
10. 너와 나, 민성아~ 아빠다~ 43
11. 당연한 것을 더 조심 46
12. 카이로스 민성~ 49
13. 달려라 민성~ 54
14. With 57
15. 지금 그리고 여기 60
16. 사랑한다~ 아들 64
17. 말씀의 안경 66
18. 술 너머를 보다 71
19. 만남의 복 76
20. 아빠를 위한 기도 79
21. 텍스트(Text) & 콘텍스트(Context) 83
22. 푯대를 향하여 88

23. 선택과 집중	93
24. 현역! 민성	96
25. 기도(Airway) & 기도(Prayer)	99
26. TMI	102
27. 그동안 수고했다 아들~ 멋진 모습에 감사	106

2장, 군대간 아들에게 보내는 엄마의 편지

01. 감사	112
02. 성령의 아홉 가지 열매 - 하나. 사랑	120
03. 성령의 아홉 가지 열매 - 둘. 기쁨(희락)	126
04. 성령의 아홉 가지 열매 - 셋. 화평(화평케하는 사람의 10가지 특징)	133
05. 성령의 아홉 가지 열매 - 넷. 오래 참음(인내)	142
06. 성령의 아홉 가지 열매 - 다섯. 자비	150
07. 성령의 아홉 가지 열매 - 여섯. 양선	157
08. 성령의 아홉 가지 열매 - 일곱. 충성	165
09. 성령의 아홉 가지 열매 - 여덟. 온유	169
10. 성령의 아홉 가지 열매 - 아홉. 절제	175
11. 은혜	181

3장, 가족 3대 편지

01. 증조할아버지가 아빠에게	194
02. 할아버지가 아빠에게	196
03. 민성이가 할아버지, 할머니께	198
04. 할아버지, 할머니가 민성이에게	200

에필로그 202

추천의 글...

장현수 _몽골 선교사, 몽골 브리야트 성경번역, 울란바타르 대학 교수

  홍창우 유명희 작가님 부부는 제가 마음으로 사랑하고 진심으로 존경하는 부부입니다. 두 분은 순수한 마음으로 서로 사랑하며 섬기는 부부였고, 자녀들을 향한 진심어린 교육정신을 곁에서 보며 늘 도전을 받았습니다. 때로는 두 분이 시행착오를 하면서 크게 교훈을 받은 적도 있었습니다. 그러나 다시 사랑의 도전을 포기하지 않고서 하시는 모습은 저에게 인생을 어떻게 살아야 되는 지를 가르쳐주는 모범교사라고 생각하였습니다.

  앞서 유명희 작가님의 책 "인생의 후반전을 시작합니다"(수동예림, 2022)에서 저에게 많은 것을 생각하게 해주었습니다. 책의 한 구절 한 구절이 무게감 있게 다가왔습니다. 이번에 유작가님의 남편 홍창우 작가님의 책을 읽을 때에는 정말 쉬지 않고 계속 책을 읽어가는 저의 모습을 발견하였습니다. 참 재미도 있었지만, 글 사이 사이에 보여주는 무게감 있는 지혜는 큰 감동을 심어주었습니다. 유 작가님의 성령의 아홉가지 열매란 편지글은 지혜로운 보물과 같다는 생각이 들었습니다. 아버지의 마음과는 또 다른 색깔의 사랑스러운 마음을 느꼈습니다. 진중한 무게감과 함께 애틋한 어머님의 마음을 함께 읽었습니다. 특히 이정민 작가님의 삽화는 지혜롭고 포근한 마음을 느끼게 해주는 좋은 작품들이었습니다. 이 작가님께도 감사를 드립니다.

  글을 읽으면서 홍 작가님의 아들 민성군은 복이 많은 사람이라고 생각했습니다. 이번에 사랑하는 아들을 위해 인생의 교훈과 감동을 가득 담은 편지를 책으로 출판하게 되었습니다. 일상 속에서 이것은 작은 일처럼 보입니다. 그렇지만 저에게는 참된 교육의 본보기라는 생각을 갖게 되었습니다.

사실 이 시대는 스스로 많은 책들을 찾아서 읽은 후, 자신의 생각을 글로 쓰는 시대는 아닙니다. 책 이외에도 너무나 많은 것들이 주변 가득하기 때문입니다. 글 중에도 특히 아들에게 정직하게 삶을 함께 나누는 편지글은 더욱 희소합니다. 그렇지만, 두 분은 마침내 아름답게 이 일을 이루셨습니다. 정말 훌륭하고 사려 깊은 부모님의 모습이라고 생각됩니다.

저는 두 분의 노력이 자녀 사랑의 새로운 패러다임을 열어주는 좋은 모델이라고 생각합니다. 솔로몬왕이 자녀들에게 교훈하기 위해 위대한 글 잠언을 썼지만, 그분 스스로는 삶의 본이 되지 못했습니다. 제가 보기에는 솔로몬은 아들들에게 참 좋은 아버지는 아니었다고 생각합니다. 그래서 솔로몬의 후손들은 그 좋은 잠언서를 보고서도 진정으로 삶에 충실하고 진솔한 좋은 아버지를 기억할 수는 없었다고 생각합니다. 아들 르호보암 왕이 아버지 솔로몬을 위해 감사의 시편 한 줄도 쓰지 않은 것을 보면 이렇게 추측할 수도 있습니다.

그렇지만, 민성군의 마음속에는 진솔하게 인생을 나누는 부모님의 모습을 보고서 이후에 위대한 신앙의 가문을 이어가는 인물이 될 것이라고 믿습니다. 저는 이 책이 자녀들을 둔 우리 모두에게 진솔한 교훈과 감동을 주는 교육의 새로운 패러다임을 보여주는 책이라고 믿기에 이 책을 많은 분들이 읽기를 소원합니다.

지성근 _목사, 일상생활사역연구소 대표

　군대 보낸 자녀에게 한두 번 편지를 쓴 경험은 있겠지만 이렇게 훈련병 기간 동안 하루도 빠지지 않고 편지를 써 보낸 부모님들은 그렇게 많지 않을 것입니다. 홍창우, 유명희 작가 부부의 자녀 사랑은 저에게 맹모삼천지교(孟母三遷之敎)를 떠 올리게 합니다. 이 글모음은 그 지극한 자녀 사랑이 과하지 않으면서 타인에게 귀감이 되어 부럽고, 배우고 싶고, 닮고 싶고, 따라하고 싶은 마음을 자아냅니다.

　유명희 작가의 성실함과 진지함, 그리고 겸손함은 잠시라도 만난 사람이라면 누구라도 인정할 것입니다. 많은 고난의 시간을 인내하므로 구비된 덕성(Character)의 사람의 전형입니다. (다만 이뿐 아니라 우리가 환난 중에도 즐거워하나니 이는 환난은 인내를, 인내는 연단을, 연단은 소망을 이루는 줄 앎이로다, 로마서 5장 3~4절). 그 성실함, 진지함, 겸손함이라는 덕성이 군대간 아들에게 보내는 엄마의 편지에 그대로 담겨 있습니다. 그렇기 때문에 아마도 어머니로서 유작가는 "성령의 아홉가지 열매"와 "감사"와 "은혜"와 같은 11가지 덕성의 이슈들을 아들에게 전해주고 있는 것이 아닌가 생각합니다. 한 꼭지 한 꼭지 그냥 묵상해도 좋을 내용입니다.

　홍창우 작가를 만날 때마다 참 말을 맞깔나게 할 뿐 아니라 그 말에 사람들을 설득하는 힘, 진정성이 실려 있다고 생각하고 있었습니다. 그런데 이 글을 읽는데 홍작가의 음성이 그대로 들리는 착각을 하곤 했습니다. 군대 보낸 아들에게 말하는 것처럼 글을 쓰셨으니 글에도 애정과 진정성이 실려 글에서 사람들의 마음을 끄는 힘을 느끼게 됩니다.
　소방관 아빠가 훈련병 아들에게 보내는 편지는 어렵지 않지만 그렇다고 가볍지 않습니다. 글의 구비구비, 현직 소방관의 경험이 배어있는 에피소드, 깊숙하고 내밀한 가족의 이야기, 그리고 자기 자신의 약함마저 주저 없이 드러내는 대목들을 읽다 보면 군대 간 아들에게 마음으로 다가가 인생의 모든 것을 다 주고 싶어하는 웅숭깊은 아버지의 마음을 느끼게 됩니다.

이 책을 모든 그리스도인 부모들과 자녀들에게 전심을 다하여 적극 추천합니다.

신창수 _이삭교회 장로, 시인

　훈련소에 간 아들의 시계를 차고 출근하는 아버지가 있습니다. 아버지와 어머니라는 행복한 십자가를 지고 기쁘게 살아가는 부부가 있습니다. 이 부부가 아들을 향해 쓴 편지는 세상의 모든 부모의 마음과 같을 것입니다. 아들을 향한 신앙적 성숙, 건강한 가치관, 바람직한 삶의 방향 등이 훈련소에 있는 동안 매일의 짧은 편지 속에 담겨 있습니다. 이 편지를 읽는 내내 흙담장 아래 앉아 따뜻한 봄볕을 쬐고 있는 것 같습니다.

　홍창우 작가는 오랜 기간 끊임없는 독서와 토론 그리고 발표 등을 통하여 자신의 삶을 살찌우고 있습니다. 유명희 작가는 이미 자신의 이름으로 출간한 기성작가로서의 길을 걸어가고 있습니다. 편지글 한 장을 넘기면 사회인으로서의 삶이 진솔하게 펼쳐져 있고, 또 한 장을 넘기면 부모로서의 사랑과 소망이 잔잔하면서도 깊이 흐르고 있습니다.

　금이 간 시멘트벽에도 아스팔트 틈새에도 민들레는 노랗게 꽃을 피웁니다. 어떤 현실 속에서도 가정의 행복을 꽃피우기 위한 부모로서의 바람이 담겨 있는 이 편지가 민들레 홀씨가 되어 이곳저곳으로 널리 날아가면 좋겠습니다.

　가정은 집이라는 장소만을 말하는 것이 아닐 것입니다. 그 안의 가족과 그 가족의 관계가 그려지는 한 폭의 그림이 가정입니다. 이 가정이 깨어진다는 것은 그 안의 가족들 사이에 금이 가고 있다는 뜻일 것입니다. 그 금은 가족 구성원들 간에 피차 잘 알지 못하기 때문일 것입니다.
　셰익스피어는 "자기 자식을 알면 현명한 아버지이다"라고 하였습니다. 이 편지글에는 자식에 대하여 깊이 알고 싶은 아버지와 어머니의 마음이 담겨 있습니다. 그리고 부모로서 아들에게 자신을 진솔하게 알리고자 하는 아버지와 어머니의 마음이 그려져 있습니다. 그래서 행여나 벌어져 갈 틈새를 사전에 메워 가는 현명함이 우리의 고개를 끄덕이게 합니다.

 운동 경기에 '작전타임' 또는 '타임아웃'이라는 것이 있습니다. 이 책 속의 편지는 작전타임과 타임아웃이 필요한 가정에 보내는 등기우편 같습니다. 하루하루 담담하게 또는 간절하게 써 내려간 편지글 속에서 영적이고 정서적인 그리고 현실적인 지혜를 얻게 될 것입니다.

김영효 _이삭교회 집사

　가정이라는 한 울타리 안에서 살아온 자녀들은 가장 가까운 부모에게 세상사는 법을 배우며 살아나간다. 그래서 부모가 자녀들에게 선한 영향력을 끼칠 수 있는 롤 모델이 된다면 더없이 좋을 것이다.

　아들을 군에 보내면서 짧은 인사로 헤어졌지만 곳곳에 예수 사랑 아들 사랑이 배어있는 이글을 보면서 부러움과 경이로움까지 느낀다.

　소방관이라는 직업에서의 절박한 이야기, 지난 가정사 이야기, 가슴 깊이 묻은 채 꺼내고 싶지도 않은 아픈 이야기까지 담담하게 전해주는 아빠의 글을 읽는 민성이의 마음은 어떠했을까?

　아들이 두고 간 손목시계를 차고 면도기를 사용하는 아빠는 또 다른 아들이 되고 싶었는지도 모른다. 아들이 앞으로 살아갈 툰드라 같은 인생길에서 좌절과 두려움보다 희망을 찾아 나설 수 있는 용기도 읽을 수 있고 또한 하나님에 대한 사랑과 성령의 아홉가지 열매는 믿는 자들에게 소중한 호흡인 하나님 은혜를 감사로 보태는 엄마의 글도 보석이다.

　'지금 그리고 여기'
　다음이 아니라 지금 그리고 저기가 아니라 여기, 이 자리에서 충실할 것을 당부하는 아빠의 바람이 아들 민성이의 성실한 군 생활로 이어질 것으로 믿는다. 아들을 키워 군에 보냈거나 보내야 할 부모님 그리고 자녀들이 바른 신앙생활을 하길 바라는 부모님들께 필독을 권하고 싶다.

정한솔 _한국창조과학회 부산지부장, 부산대학교 교수

이 책은 주 안에서 사랑하는 홍창우 집사님의 가정에서 하나님을 믿고 살아가는 가족으로부터 아들에게 보내는 편지들을 모아놓은 소중한 작품입니다.

이 책은 홍창우 집사님이 아들 민성이를 훈련소로 보내며 나눈 마지막 인사에서부터 출발합니다. 아들을 위해 편지를 쓰는 것이 어색하게 느껴져 처음에는 쑥스러웠겠지만, 아들과 소통하고 싶은 마음으로 집사님의 일상의 소소한 일들을 담은 솔직한 편지들로 가득합니다.

또 이런 편지를 통해 자신을 돌아보고, 그로 인해 소중한 시간을 보낼 수 있었습니다. 무엇보다 이 편지들은 하나님의 은혜 아래서 씌여졌습니다. 그 속에서 아들에게 소방 구급대원으로서의 경험, 그리고 감사와 은혜를 전달하고 있습니다. 편집해 주신 아내 유명희 집사님과 늘 주안에서 행복하시길 바라며……

정진섭 _이삭교회 원로목사

작년에 아내를 작가로 등단시킨 홍창우 집사가 자신도 작은 책을 낸다고 초고를 보내 왔다. 군에 갓 입영해서 훈련을 받고 있는 아들에게 보내는 편지글이다. 아버지가 아들에게 쓰는 글이지만, 읽는 사람들에게 감동과 도전을 주는 분명한 메시지가 있는 글이다.

아들을 향한 절절한 사랑을 표현하면서 아버지의 부끄러운 과거 치부까지도 진솔하게 드러낸다. 소방관으로서 겪는 다양한 경험들을 사회적 이슈로 제기하며 함께 고민하게 한다. 또한, 다양한 독서를 통하여 축적된 지식을 나누어주기도 한다.

저자와 오랫동안 함께 한 목사로서 글을 읽으면서 마음 짠했던 부분이 있다. "예수 믿기 전에는 크로노스의 시간이 많았다면 예수님을 믿고 난 후에는 카이로스의 시간이 더 많아졌다. 왜냐하면 시간의 주인이신 하나님이 나의 아버지이시므로 매일이 기적과 같은 특별한 시간이기 때문이다."

1부는 아버지가 아들에게 이미 보낸 편지고, 2부는 어머니가 아들에게 보내지는 않았지만, 보내고 싶어 하는 편지다. 이성보다는 감성이 더 풍부한 아버지와 감성보다는 다소 이성적인 어머니의 성향이 느껴진다. 이러한 부모의 강점을 물려 받은 아들이 창의적인 음악가의 꿈을 키워가고 있음은 자연스러운 일이다.

이 책을 읽는 사람마다 메시지를 마음에 새기고 행복한 가정을 이루길 소망한다. 무엇보다도 하나님으로부터 자식을 선물로 받은 모든 부모들에게 감동과 도전이 되기를 소망한다.

다음에는 결혼한 아들에게 보내는 편지를 기대하면서…….

남수호 _이삭교회 담임목사

  아빠와 아들의 '일상에서의 관계와 사랑의 어떠했음'을 보여주는 따뜻한 글이다. 아들과의 찐한 사랑이 없었다면 이 글은 얼마나 위선적이고 거짓일까. 편지 한 통 한 통에 담은 아빠의 삶과 아들을 위하는 따뜻한 문안과 격려는 사랑이 무엇인지, 가족이 무엇인지, 아빠가 어떤 존재이어야 하는지를 너무나 잘 담아내고 있다.

  아빠 홍창우의 삶은 훨씬 더 치열하고 때론 더 냉혹하고 훨씬 더 정신없지만, 아들 민성이가 있어서 얼마나 행복한지 독자로 하여금 고스란히 느낄 수 있게 해 준다. 군대를 다녀온 독자들이라면 민성이의 병영 생활을 응원하면서도 자신의 군 생활을 추억하며 입가에 잔잔한 미소가 흘러나올 것이다.

  이 책은 편지이기에 따뜻한 감성만 있는 것 같지만, 아빠의 독서력에서 나오는 지성과 신실한 신앙에서 나오는 영성까지 깊이 배어있어 독자들은 우리가 이 시대에 어떠한 책을 읽어야 하며, 신앙이 가져다 주는 놀라운 삶의 힘과 능력이 어떠한 것인지를 맛있게 맛볼 수 있다. 민성이네 가정의 삶을 가까이에서 지켜보고 있기에 이 글이 얼마나 더욱 사랑스러우며 감동이며 흠모할 만한 것인가를 느낀다.

  '민성아, 이스라엘 백성이 광야 학교에서 하나님을 확실히 알았던 것처럼 군생활을 통해서 하나님을 더 많이 알고, 더 친해지고, 더 많이 사랑해서 민성이 생애에 가장 의미있는 시간을 보낼 수 있기를 응원할게'

프롤로그...

"그래~ 아들, 훈련 잘 받고…… 어서 들어가거라"
코로나 여파로 별다른 입영식 없이 논산 훈련소 입영대로 아들을 보내면서 아빠가 아들에게 한 인사였습니다. 제가 생각해도 참 무미건조하고 메마릅니다. 그것도 '어서 들어가라'고 했으니 말입니다.

그러고는 한참을 훈련소 영내에서 서성거리며 훈련병 집결 장소가 조금이라도 잘 보이는 곳으로 가서 보이지 않는 아들을 찾아봅니다.

일주일쯤 지났을까요. 논산 훈련소의 '더캠프' 앱으로 위문편지를 보낼 수가 있었습니다.

그동안 아들에게 편지 한 통을 제대로 보낸 적이 없었는데, 갑자기 편지를 보내려니 처음엔 좀 쑥스러웠습니다. 솔직하게 말씀드리면 이 편지는 의무방어에서 시작되었습니다. 혹시 민성이가 편지를 많이 받는 다른 훈련병과 비교될까 염려되었기 때문입니다. 처음에는 아들이 남기고 간 소지품, 함께 했던 공간을 생각하며 일상의 소소함을 적었습니다. 그리고 아빠로서 걱정되는 여러 가지 당부를 전했습니다. 그러나 계속 보낼수록 아들에게 '하고 싶은 이야기'가 생각났습니다. 이유는 잘 모르겠습니다. 차츰 이번 기회에 '저의 솔직한 이야기'를 아들에게 꼭 들려주고 싶다는 생각까지 들었습니다. 곰곰이 생각해 보니 제가 소방 구급 대원으로서 일하면서 절실하게 깨닫게 된 '타이밍의 중요성'과 Komori Yasunaga & Harvey Max Chochinov의 ≪존엄 치료≫책의 부제인 '소중한 사람에게 편지를 쓰자'에 영향을 받은 것 같습니다.

그렇게 해서 저의 일상과 직장 생활 이야기, 시행착오, 감사 그리고 은혜를 편지로 매일 보냈습니다. 그런데 감사하게도 이 편지를 통하여 오히려 저를 돌아보는 귀한 시간이 되었습니다. 군 훈련소 특성상 일방적으로 보내기만 하고 글자 수도 한 편당 1,500자로 제한되어 있어서 제대로 전달이 되는지 의문이 들었습니다. 그런데 주말에 아들과 잠시 통화를 하면서 아들의 반응에 놀라기도 하고 감사했습니다. "아빠의 편지를 보면서 여러 가지 생각도 하고 도움이 돼요...... 계속 보내주세요" 이제 계속 보낼 이유가 분명해졌습니다.

그래서 그날그날 주시는 하나님의 은혜대로 솔직하게 써서 보냈습니다. 그러던 중에 아내가 ≪인생의 후반전을 시작합니다≫책 출간 이후에 1인 출판사로 꿈을 확장하며 '솜니움북스'라는 출판사를 시작하게 되었습니다. 그래서 1호 출판 기념으로 '훈련병 아들에게 보내는 소방관 아빠의 편지'를 편집해서 발간하기로 했습니다. 이미 보낸 편지이지만 글자 수 제한으로 잘 전달하지 못한 내용을 추가하고 다듬어서 편집하였습니다.

이 책은 단 한 사람, 아들에게 보내는 아버지의 편지입니다. 그래서 지극히 개인적인 일상의 이야기입니다. 혹시 읽으실 때 불편한 점이 있으셔도 양해를 꼭 부탁드립니다.

이런 기회를 주신 하나님의 은혜에 감사드립니다. 그리고 옆에서 적극적으로 응원해 준 사랑하는 아내 유명희에게 감사드립니다. 이 편지를 더 풍성하고 따뜻하게 그림으로 표현해 주신 이정민 작가님께도 감사드립니다. 더불어 매일 접수하고 출력해서 아들에게 잘 전달해 주신 논산 훈련소 관계자에게도 감사드립니다.
우리 가정이 있기까지 기도해 주신 모든 분들께 감사 인사를 드립니다.

_2023.03.16. 홍창우

훈련병 아들에게 보내는
소방관 아빠의 편지

01
"기다리는 연습" 2023. 02. 14.

드디어 더캠프 앱에서 위문편지 쓰기가 열렸다.
민성아~ 낯선 곳에서 낯선 사람들과 신병 훈련받는다고 수고가 많다.
일주일 정도 기다리는 동안 별다른 정보 없이 훈련소 앱에서 알려주는
식단표만 확인했는데, 이제는 편지를 보낼 수 있어서 감사하다.^^

민성이 몸 상태는 어떤지 궁금하다.
갑자기 안 하던 뜀걸음도 할 것 같고 근육통도 생겼을 것 같다.
그래도 밤에는 꿀잠 잘 것 같다.
코로나 기간에 핸드폰과 한 몸으로 지냈을 훈련병들이
금단증상은 없는지 궁금하다.

아빠는 민성이가 남기고 간 손목시계를 차고 출근한다.
그리고 민성이가 사용했던 전기면도기도 가끔 사용하면서
민성이 생각을 한다.
아침에 커피 내릴 때는 더 생각난다.
민성이가 2년 동안 서울에서 학교 기숙사와 교회 학사관에서
있었을 때와는 모든 것이 다르게 느껴진다.
군대라는 곳은 특별한 이유가 없는 한 기다려야 한다는 점에서
참 특이한 곳이다.
그래서 이번 기회에 민성이를 생각하면서 아빠도

'기다리는 연습'을 함께 잘했으면 좋겠다.

민성아, 기다림에는 '기다리는 의미와 의지'가 중요한데,
가만히 생각하다가 우리 교회 백재진 교수님께서 아빠에게 선물로 주신
'기다리시는 구세주(The Savior is Waiting)' 바이올린 CD가 생각이 났다.
민성이도 아빠와 커피 마실 때나 차 안에서 많이 들어서 기억할 것이다.
그 CD 소개 글에 이런 내용이 있다.
'하나님은 긴 인생의 여정 속에서
우리가 돌아오기만을 기다리셨고 지금도 기다리고 계십니다.
저의 인생을 돌아보면서 늘 기다리셨던
하나님의 영원하신 사랑과 지금도 성장하기를 원하시고 기다리시는
주님의 간절하신 마음을 바이올린으로 노래했습니다.
한 사람이 하나님을 영접하고 거듭나서 믿음으로 인도함을 받아
시련을 통해 세상이 줄 수 없는 평안을 얻고 축복받아 헌신하고 성화되어
마침내 하나님께 감사를 드린다는 내용을 담았습니다.
곡 제목과 순서는 그것에 맞추어 만들어졌습니다.'
아빠도 이 CD의 연주와 내용처럼 '기다리는 마음'으로
민성이가 건강하게 잘 수료할 수 있도록 기도한다.
오늘 아빠는 야간근무를 한다.
내일 또 편지할게.

From 홍창우^^(아빠)

< 민성 와치 >

02
"함께하는 가족" 2023. 02. 15.

민성아~ 아빠는 어제 야간근무였는데 출동이 많았다.
거의 밤새우고 아침에 퇴근해서 잠들기 전에 민성이에게 편지를 쓴다.
20년 넘게 소방 구급 대원으로 일하고 있지만 갈수록 더 다양하고
이해가 안 되는 상황을 만난다.
우리의 생활환경은 과거보다 더 편리해지고 풍족한 것 같은데,
그만큼 정신적인 스트레스로 힘들어하는 사람들을 계속 만나니
마음이 참 안타깝다.
그 주된 원인 중의 한 가지가 불안정한 가족관계로 보인다.
그런 점에서 아빠는 정말 감사하다.
왜냐하면 지금까지 우리 가족이 있어서 잘 버틸 수 있었고,
지금도 그렇고, 앞으로도 그럴 것이라는 희망 때문이다.
민성이가 있어서 아빠는 참 든든하다.

요즘 아빠가 읽고 있는 책이 케이티 파우스트 & 스테이시 매닝 공저인
≪아이들은 정말 괜찮을까? 현대적 가정에서...≫이다.
특히 1장에서 아동의 권리에 대해
기세바세(기독교 세계관 바로 세우기, 류현모 교수)
온라인 줌 독서모임에서 요약 발표 때문에 더 자세히 읽고 있다.
권리와 자유에는 의무와 책임이 함께 가야 한다.
그런데 어떤 성인들은 자신의 권리와 자유를 지나치게 내세움으로써

힘없는 아이들이 희생을 당하고 결국 가정이 파괴되는 등
사회적 폐해로 연결되는 내용이다.
민성이도 입대 전에 아빠의 추천 도서로 읽었던
랭던 길키의 ≪산동 수용소≫에서 인간의 이기심이
결국 도덕성까지 무너져서 수용소 전체가 큰 혼란을 겪는
일상을 기억할 것이다.

민성아, 군대는 국방의 의무로 다양한 사람들이 모인
특수한 환경이라 이런저런 평소 경험하지 못한 독특한 일들을
많이 경험하리라 예상이 된다.
이런 상황에서 민성이 자신을 솔직하게 직면하면서
한 걸음 더 성장하기를 바란다.
적응하는데 몸도 마음도 피곤하고 지칠 수도 있는데
시간이 지나면 좀 나아지리라 믿는다.

민성아~ 가족이 항상 있다는 것 잊지 말고,
건강하게 또 하루 훈련을 멋지게 마무리하길 바란다.

From 홍창우^^(아빠)

< 손에 손잡고 둥글게 둥글게 >

03
"매듭짓기" 2023. 02. 16.

아빠는 지금 금정체육공원에서 걷고 뛰면서 산책 중이다.
혼자 하니 너무 심심하다.
그래도 체력 유지와 정신건강에 도움이 되어서 계속 찾는다.
지금은 민성이랑 같이 얘기하며 걸을 때가 생각나서
아빠에게는 추억의 장소가 되었다.
체육공원을 걷다 보면 대나무가 모여 있는 곳을 지나게 되는데
그때마다 대나무의 마디가 제일 먼저 눈에 들어온다.
'줄기가 굵지 않은 대나무가 강한 것은, 다른 나무와는 달리
일정한 간격을 두고 매듭을 지을 줄 알기 때문이다.
대나무의 강함은 높이가 아니라 매듭에서 비롯되는 것이다.'
이것은 민성이도 읽어 보았을 것 같은데
이재철 목사님의 ≪매듭짓기≫책을 여는 머리말에 있는 글이다.
이 책은 죽음의 바탕 위에서만
생은 생으로서의 진정한 의미를 드러낸다는 '사생의 매듭',
모든 신분은 그 신분에 걸맞은 수준을 요구하는 '수준의 매듭',
이윤을 추구하는 목적이 이웃 사랑인 '경영의 매듭',
다양한 환경과 관계 속에서 전혀 상상치 못한 방법으로 역사하시는
주님의 섭리인 '인생의 매듭'을 내용으로 한다.
결국 건강한 크리스천은 '진리의 매듭'을
잘 지어야 한다고 말씀하신다.

민성에게 군 생활은 살아가는데 하나의 큰 매듭이 될 것이다.
군 복무가 분단국가 현실에서 피할 수 없는 의무이기에
'왜?'라는 질문보다 '어떻게?'라는 질문으로
매듭을 시작하면 어떨까 권면해본다.
'피할 수 없으면 즐겨라'라는 상투적인 말보다
이 경험을 통해 나를 어떻게 더 강하게 만들어 갈 것인지,
정말 후회 없이 군대 생활이라는 매듭을 어떻게 잘 지을 것인지
생각하면 좋겠다.
아무리 힘들어도 국방부 시계는 오늘도 돌아간다.
훈련소 수료일과 제대 날짜는 정해져 있으니
힘내고 오늘도 건강하게 훈련 잘 마무리하길 기도한다.

From 홍창우^^(아빠)

04
"행복한 노후?" 2023. 02. 17.

오늘은 금요일이다.^^
훈련소의 금요일 저녁은 어떤지 궁금하다.
요즘은 더 캠프 앱을 통해 주차별 교육 진행 과정 등을 알려주어서
참고하고 있다.
그리고 그 앱 안에 훈련 스케치 코너에서
민성이 훈련 사진도 볼 수 있다니 앞으로 멋진 모습을 기대한다.

아빠는 어제 야근하고 좀 피곤한 상태로 집에 왔다.
몸은 피곤하지만 늘 떠나지 않는 질문이 있다.
'나는 누구인가?', '왜 사는가?', '어떻게 살 것인가?'라는 질문이다.
아빠는 일터에서 생로병사를 자주 접해서 더 직접적으로 와닿는 것 같다.
폴 고갱은 타히티에 머물면서 '우리는 어디로부터 왔는가,
우리는 무엇인가, 우리는 어디로 가는가'를 그렸다고 하는데,
아빠는 그 타히티가 일터이고 삶의 현장이다.
더 늦기 전에 그 질문에 솔직하게 답하며 실천하며 살고 싶다.

'믿음'이란 깨달음, 전적 신뢰, 순종의 순서로 진전된다고 들은 적이 있다.
이 순서라면 아빠는 아직 그 첫 과정에 겨우 있는 것 같다.
단단하게 굳은 자아의 심정이 언젠가는 깨지고 부서져서
이웃을 진정으로 사랑하며 살아갈 날을 그려본다.

어제부터 날씨가 으슬으슬 추워졌다.
새벽에 출동 다녀오면서 우리 민성이가 잘하고 있을지 걱정이 되었다.
그래도 민성이가 서울에서 2년간 기숙사 생활 경험이 있고
동기 훈련생보다 나이가 더 많을 것 같아서 나름의 방법을
잘 찾을 것이라 생각한다.
경험은 이럴 때 참 중요하다.

민성아, 아빠의 좀 엉뚱한 질문이기도 한데, '행복'에 관한 질문이다.
새벽에 출동 갔다가 센터로 돌아오는 길에 보면 나이 많으신 어르신들이
폐종이박스를 수레에 가득 싣고 가시는 모습을 종종 본다.
무게중심을 못 잡거나 바람이 불기라도 하면
폐박스가 도로로 쏟아져 나온다.
보기만 해도 힘들어 보인다.
그러면서 그 시간 요양병원이나 요양원에서 비슷한 또래의 어르신들이
노환으로 거동이 안되어 요양보호사의 도움으로
일어나 씻고 식사도 도움을 받아야 드실 수 있는 분들이 생각이 났다.
민성이 할머니도 요양병원에 오랫동안 계셔서
어떻게 지냈는지 잘 알 것이다.
너무 극단적인 비교지만 '누가 더 행복한 노후라고 생각하니?'
분명한 것은 젊을 때 노년의 때가 온다는 것을 기억하고
건강면으로, 재정면으로 좀 더 준비를 해야 한다는 것이다.
벌써 10년 전, 조선일보에 '한국인의 마지막 10년' 기사를 보면
'오래 살고 오래 앓는다',

'혼자 살다 혼자 죽는다',
'내 뜻대로 안 되는 삶의 마지막',
'요양병원 침대가 마지막 내 집',
'젊어선 여유가 없고 늙어선 대책이 없다',
'죽음 질' 후진국,
'더 늦기 전에 준비하자' 등으로 연재된 것을 볼 수 있다.
야간 불침번 때 조용히 생각해 보면 좋겠다.

오늘도 훈련받는다고 수고했다. 민성^^

From 홍창우^^(아빠)

05
"호칭의 중요성" 2023. 02. 18.

토요일 새벽, 엄마는 정말 일찍 시작한다.
부산 '큰솔 나비' 독서 모임이 있는 날이라 지하철 시간 맞추어
집에서 나가야 하는데, 그만 시간이 늦어서 독서 모임 장소인
부전동까지 아빠가 차로 직접 데려주고 왔다.
덕분에 아빠도 일찍 일어났기에
커피를 마실 수 있는 시간적 여유가 있었다.
캡슐커피와 드립커피 중 고민하다가 며칠 전에 사두었던
콜롬비아 원두커피로 드립을 했다.
그리고 익숙한 FM 92.7MHz 라디오를 켜니 민성이 생각이 더 났다.
함께 있었으면 두 가지 방법으로 맛을 다 보았을 것 같다.
(다음 달에 뉴욕에 갈 민효는 집에 있는데 벌써 미국 현지 시간으로
생활해서 시차가 아빠와 잘 안 맞다.^^)

가족에 대한 애틋한 추억은 사람만의 특별한 선물이다.
물론 동물도 본능에 의해 새끼들을 지키지만 사람과는 비교할 수가 없다.
그런데 민성아, 동물 하니까 생각이 나는데
요즘은 개를 가족처럼 여기고 사는 분들이 많아졌다.
그런데 그 이름도 예전에 즐겨 부르던 검둥이, 백구, 메리, 해피가 아니라
일단 '우리 애'로 시작한다.
이것이 보통 때는 괜찮은데 위급상황에서는 전혀 다른 문제가 된다.

실제로 다세대 주택에서 '애가 아프고 죽는다는 소리'를 들은 이웃이
옆집에 무슨 사고가 난 줄 알고 119에 신고를 한 적이 있었다.
경찰, 소방이 공동 대응으로 출동했는데 확인해 보니
사람이 아니고 개여서 그냥 돌아온 적이 있었다.
예전에는 80대 노모가 60대 아들이 아파서 신고할 때
'우리 집 애가 아파요' 해서 헷갈린 적이 있었는데, 요즘은
그 애가 사람이 아닌 경우가 있어서 확인을 해야 할 시기가 된 것 같다.
또 한편으로는 이제 사람보다 반려견과 추억을 더 쌓아가는 시대에
살고 있는 것을 느낀다.
아빠는 시골에서 자라서 그런지 집 안에서 개를 키우는 것은
아직 생각해 보지 못했지만 또 어떻게 알겠니?
집 안에서 '애'를 키울 수도……

하여튼 가족이 함께 마음껏 누려야 할 시간을 국방의 의무로
일시적으로 제한받고 있는 군인의 신분은 참 특별한 것 같다.
명령에 반사적으로 몸이 움직이려면 시간이 필요할 것이다.
힘들지만 잘 적응하리라 믿는다.

내일은 주일, 예배 가운데 먼저 나를 사랑해 주신 하나님께 감사하며,
길이요 진리요 생명이신 예수님을 찬양하며 논산 훈련소에 있는
모든 훈련병들이 건강하게 잘 수료할 수 있도록 기도한다.

From 홍창우^^(아빠)

< 커피는 사랑이다 >

06
"배움의 목적" 2023. 02. 19.

어제 통화하고 목소리를 들으니 한결 마음이 놓인다.
물론 건강하게 훈련 잘 받고 있겠지만 직접 볼 수 없는 아빠로서는
늘 걱정이 앞선다.

오늘은 이삭교회 제1기 성경대학 졸업식과
일대일 양육반 수료식이 있었다.
엄마는 이번에 성경대학을 졸업하였는데 수업을 들을 때
코로나 기간이 겹쳐서 대면, 비대면을 오가며 2년 동안
정말 수고가 많았다.
일대일 양육반 수료식에서는 아빠가 섬겼던
두 명의 집사님이 수료하셨는데 아빠는 양육을 담당했던 양육자로서
너무 기쁘고 보람도 있었다.

오늘 주일 설교 제목은
'배우고 확신한 일에 거하라'(디모데후서 3장 14~15절)였다.
예화로 농부가 봄에 씨뿌리기 전에 꼭 해야 할 일인
'기경'에 대해 말씀하셨다.
기경은 겨우내 언 땅을 파서 뒤집는 작업이다.
씨 뿌리기 전 꼭 필요한 작업이지.
그리고 집 짓기 또한 기초공사가 부실하면 제대로 집을 올릴 수가 없으니

기초의 중요성을 말씀해 주셨다.
결국 우리는 하나님의 밭이고 집이다.
우리가 온전한 예수님의 제자로 자라기 위해서는
먼저 기본을 잘 배우고 가르칠 수 있는 자가 되어야 한다.
교회에 처음 온 분들과 기존 교인들 중 완벽하게 온전한 사람은
아무도 없으니 먼저 배운 사람이 나중에 온 분들에게 잘 전달하고
예배를 통해 계속 배우는 것이 제일 중요하다고 하셨다.
그리고 사람은 믿을 존재가 아니고 사랑해야 할 존재이므로
불변의 진리인 성경 말씀에 근거하여
겸손하게 가르치고 배워야 한다고 정리해 주셨다.

지금 민성이가 훈련 중인 기초 군사훈련도
이와 비슷하지 않을까 생각한다.
열심히 잘 배우고 익혀서 자기 역할을 잘하기를 바라며
앞으로 좋은 선임이 되길 바란다.

어젯밤에는 아파트 추락 사고 건으로 출동을 했었다.
바닥이 화단이라 심각한 외상은 바로 보이지 않았지만
내부 장기 손상이 의심되어 대학병원 외상중증센터로 바로 이송했다.
우울증과 가족 간 다툼 이후에 일이 벌어졌다고 나중에 들었다.
그는 20살, 지금 한참 논산에서 훈련받고 있는
민성이 또래의 청년이라 돌아오는 길에 마음이 많이 힘들었다.
사랑하는 아들 민성아~

힘든 일이 있을 때 혼자 이겨내는 자립심도 중요하다.

그러나 사람은 저마다의 한계가 있고

혼자서는 도저히 감당이 안 되는 일이 있을 수 있다.

그래서 누군가의 도움이 필요하다면 꼭 도움을 요청해야 한다.

엄마, 아빠는 너를 끝까지 사랑하는 든든한 후원자이고 버팀목이다.

이것을 잊지 말고 논산에서의 주일 잘 보내길 바란다.

From 홍창우^^(아빠)

07
"지구를 지켜라" 2023. 02. 20.

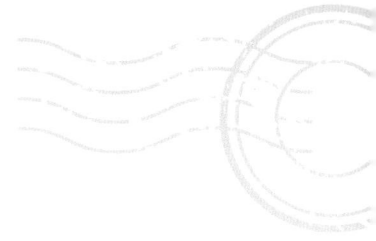

시편 127편에서 '그러므로 여호와께서 그의 사랑하는 자에게는
잠을 주시는 도다'라는 말씀이 월요일 아침에 눈을 뜨자마자 생각이 났다.
토요일 24시간 근무 후, 주일 아침에 퇴근하자마자 교회로 가서
주일예배, 새 가족 위원회 새 가족 맞이 섬김,
저녁에는 이삭교회 문화사랑방인 '북소리' 책 모임을 했다.
그리고 우리 집 첫 사업장인 솜니움음악연습실 청소까지!
아~ 50대 체력으로 한계가 오기 시작하는 것을 느낀다.
그러나 지난 주일 밤에 잠을 푹 자고 아침이 되니 또 새 힘이 생기고
식사 후에 커피까지 마시고 나니 이제야 눈꺼풀이 좀 가벼워진다.
다행히 이번 주는 주간 근무라 정상적인 리듬으로
한 주를 시작하게 되어 마음이 한결 가볍다.

민성이는 새벽 일찍 시작하는 훈련소 일과에 적응이 좀 되었는지 모르겠다.
아빠는 다 같이 함성을 지르고 힘차게 시작하는 젊음이 부럽기만 하다.
하여튼 시간 나는 대로 스트레칭도 하면서 몸을 그때그때 잘 풀면 좋겠다.
오늘도 튼튼한 몸으로 훈련 일과를 잘 마무리하길 기도한다.

어제는 교회 문화사랑방인 '북소리' 책 모임에 참석하였다.
책 제목은 ≪착한 소비는 없다≫(부제 : 똑똑한 소비는 있다)인데
지구 환경에 대한 불편한 진실을 수치로,

이야기로 문제 제기를 한 내용이었다.

우리가 입는 한 벌의 청바지를 만들기 위해

엄청난 양의 물이 소비되는 것부터 전 지구의 미세 플라스틱화,

지구 온난화의 영향 등 광범위하게 다루었다.

결국 모든 일상에서 지구의 환경을 지키기 위한

우리의 인식과 관점의 변화가 지속되어야 한다.

아빠는 이 책 정리를 하면서 지구의 환경을 지키기 위해

내가 실천할 수 있는 것을 생각하다가

문득 성령의 9가지 성품 중에서 '사랑과 절제'가 생각이 났다.

왜냐하면 하나님께서는 나에게 살아갈 방편으로 많은 것을 주셨는데,

가진 것을 나누기보다는 좀 더 가지려는 욕심이 앞섰기 때문이다.

이웃 사랑의 실천을 위해 나의 것을 조금 절제하면 되는데

그것이 참 안 된다.

나의 나 된 것은 오직 하나님의 은혜인데,

앞으로 지구 환경을 위해 똑똑한 소비를 하면서

조금이라도 나누며 살아갔으면 좋겠다.

군인 신분으로서 민성이는 자동적으로

'절제'의 성품을 훈련소에서 느끼고 배우리라 생각이 든다.

절제 속에서 사랑이 넘치는 멋진 민성이가 되길 기도한다. 화이팅!!!

From 홍창우^^(아빠)

08
"아빠의 넘버 원~ 에이스 민성에게" 2023. 02. 21.

오늘 아침 출근길은 기온이 확 떨어져서 입김이 나온다.
논산은 더 춥겠는데 늘 감기 조심하거라

아빠는 어젯밤에는 '기독교 세계관 바로 세우기(류현모 교수)'
줌 독서 모임에서 '아동의 권리' 발표 준비로 ppt를 만들었다.
아빠의 결론은 결국 '세계관과 정체성'의 문제였다.
왜냐하면 세상을 어떻게 바라보는가에 따라 자신의 행동에 영향을 주고,
그 관점이 자신의 원칙이 되기 때문이다.
그래서 이와 관련된 자료를 찾다가 손봉호 교수님의
≪나는 누구인가≫책을 보게 되었다.
사람들이 자신의 정체성에 관한 기본적인 질문인
나는 누구인가, 왜 사는가, 어떻게 살 것인가를
잘 하지 않는 이유에 대해 공감이 많이 되었다.
그중에서 몇 가지만 소개하면 너무 잘 안다는 '교만',
아무래도 알 수 없다는 '불가지론',
삶의 무의미가 폭로될까 두려워하는 '불안감',
아예 처음부터 포기하는 '체념',
자기를 속이는 '자기기만',
다른 사람들을 따라가면 된다는 '결정 장애',
모든 것은 숙명적으로 결정되어 있다는 '숙명론' 등이었다.

아빠도 생각해보니 이런 이유들이
나의 방어기제로 알게 모르게 스며있음을 깨닫게 되었다.
이와 관련된 책을 한 권 더 보게 되었는데,
스피브 월킨스 & 마크 샌포드의 ≪은밀한 세계관≫이다.
우리의 생각과 행동을 조종하는 8가지 세계관에 관한 이야기이다.
8가지 세계관은 개인주의, 소비주의, 국가주의, 도덕적 상대주의,
과학적 자유주의, 뉴에이지, 포스트모던 부족주의,
종교가 된 심리 치료가 우리의 문화 속에
어떻게 은밀하게 스며들어 있는지 잘 설명해 준다.
민성이도 이번 기회에 군대 문화 속에 있는
은밀한 세계관은 어떤 것이 있는지 살펴보면 좋겠다.
아마 지금쯤이면 민성이도 군대 특유의 명령체계와 군 보안 등 이유로
덜 개방적인 집단 문화의 특징을 알고 있으리라 생각이 든다.
민성이는 이런 특성들을 잘 이해해서 지혜롭게 생활하면 좋겠다.

그리고 오늘은 책 이야기를 한 번 더 해야겠다.
지난주일 설교 중에 남수호 담임목사님께서 책 한 권을 소개해 주셨다.
≪목사가 목사에게≫(IVP),
선배 목사님이 후배 목사 단 한 사람에게 보내는 마음의 편지이다.
그 책 안에는 삼일교회 송태근 목사님께서
남수호 목사님께 쓰신 편지가 있는데,
첫 문장과 맨 마지막 문장이 참 마음에 들었다.
'수호야!...... 너는 영원히 내 마음속 에이스다. 또 보자.'

'민성아~ 너는 영원히 아빠 마음속 넘버 원~ 에이스다.'
내일 또 편지 쓸게.

From 홍창우^^(아빠)

< 민성~ 넘버 원 에이스^^ >

09
"우다다! 우리는 다 다르다~" 2023. 02. 22.

어느덧 오후에는 따스함은 아니지만 그래도 봄의 기운이 느껴진다.
논산은 아직까지 추울 것 같다.^^

아빠 직장에서는 요즘 신규직원들이 들어와서 팀 조정을 하고 있다.
신규직원은 소방학교에서 기본교육은 받았지만
실제 현장은 교과서와 똑같지 않기 때문에 선배로부터
현장 트레이닝을 또 받아야 한다.
아마 민성이도 기본훈련을 마치고 수송대 교육을 받고
자대 배치를 받으면 또 적응할 때까지 계속 배우는 시간이 있을 것이다.

아빠도 20년 전 신입이었을 때가 있었는데
지금은 어느덧 고참 선배가 되어있다.
요즘 신규직원을 만나보면 세대 차이가 있어서 가르치기가 쉽지 않다.
'라떼' 선배가 안 되고 싶어도 얘기하다 보면
아빠의 경험담으로 끝나니 결국 '라떼'로 가는 것을 느낀다.

사람들은 저마다 타고난 기질과 성품이 있어서 뭔가 새로운 환경에서
적응하고 배우는 데는 사람마다 차이가 있음을 느낀다.
사람들만의 기질 차이를 어느 강의에서 'ㄲ'으로 표현한 것을 들었다.
타고난 '끼'가 있는 사람은 눈치가 빠른 것 같다.

소위 '꾼'들은 배우면서 곧 전문성이 느껴 질만큼 빨리 적응한다.
'깡'이 있는 사람은 그 근성으로 어떻게 하든 잘 버틴다.
그런데 '꽁'한 사람은 혼자만의 생각이 많아서인지 적응이 좀 더디다.
간혹 혈연, 지연, 학연, 흡연의 '끈'이 강한 사람도 있는데
그들은 실력보다 말이 좀 많은 편이다.
그리고 뒤 '끝'이 안 좋은 사람도 있는데
그들은 자기 일도 제대로 못 하면서 불평과 불만이 많다.
그러다가 가끔 '꿈' 즉 비전이 있는 사람을 만날 때는 참 기대가 된다.
그것도 구체적인 삶의 목표와 방향이 뚜렷하면
웬만한 어려움은 긍정적으로 잘 이겨내는 것을 본다.
그래서 사람들은 이 '꼴', 저 '꼴'로 다양하게 사는 것 같다.

민성이도 지금 특수한 환경에서 낯선 이들을 만나고
새로운 것을 계속 배우고 적응을 해야 하는데
열린 마음으로 잘 이겨내길 기대한다.
민성이가 잘 아는 MBTI 성격유형도 결국 사람의 옳고 그름,
선과 악의 개념이 아니라 사람들의 '다양성'의 인정이라고 알고 있다.
이런 부분에서는 민성이가 아빠보다 더 잘 알 것 같다.

오늘도 멋진 훈련소 하루가 되길 기도한다.^^

From 홍창우^^(아빠)

< 너와 나, 나와 너 >

10
"너와 나, 민성아~ 아빠다" 2023. 02. 23.

오늘 아침에 엄마와 식사 중에
영화 ≪클래식(The Classic)≫ OST 자전거 탄 풍경의
'너에게 난 나에게 넌(Me to You, You to Me)' 곡을 잠시 틀었다.
아침부터 뜬금없는 노래에 의아해하는 엄마에게 설명해 주었다.

아빠가 중학교 3학년 때 아빠의 아버지(민성이에게는 할아버지)로 인해
너무 힘들고 괴로워서 사고를 칠 것 같은 불안한 마음이 들었다.
그래서 아빠는 스스로 신경정신과를 찾아간 적이 있었다.
그때 의사의 첫 마디가 '무엇을 도와 드릴까요?' 였는데
그 말 한마디가 얼마나 위로가 되었는지 한참 울먹였던 기억이 있다.
그리고 본격적인 상담에 앞서 심리검사를 몇 가지 받았다.
그런데 의사 선생님의 처방은 다음에 올 때는
아빠의 아버지와 같이 오라는 것이었다.
앗! 순간 이건 아닌데······
아버지와 같이 와서 상담받을 정도면 혼자서 여기까지 안 왔을 텐데······
차라리 아빠의 이야기를 있는 그대로 그냥 들어 주었으면
더 좋았을 것 같다.

그 이후에 전문가의 상담보다 아빠와 잘 통하는 친구들과
열심히 어울리게 되었다.

혹시 민성이는 영화 ≪굿윌헌팅≫의 명대사
'It's not your Fault(네 잘못이 아니야)'를 아는지 모르겠다.
아빠가 한참 방황할 때 누군가가 이런 말을 진심으로 해주고
아빠도 그것을 잘 받아들였다면 인생이 또 어떻게 변했을까 생각해 본다.

마르틴 부버 ≪너와 나≫책에서 자아 정체성은
'나'는 스스로 증명하기가 힘들기 때문에
'그것'이 아닌 '너'와의 관계를 통해서 알 수 있다고 한다.
이때 '너'는 사회 기능적 역할의 관계에서
'너'가 아닌 부모와 자녀 관계처럼 절대 끊을 수 없는
인격적 사랑의 혈연관계의 '너'를 말한다고 한다.
그리고 '나'는 '너'가 먼저 존재하고
그 '너'가 먼저 사랑해 주었기에 가능하다고 한다.

아빠도 민성이에게 끊을 수 없는 '너'로 존재하고 싶다.
아빠가 민성이를 다 알지 못하고 이해하지 못한 것도
많이 있다고 생각한다.
그래도 끝까지 엄마와 아빠는 민성이의 '너'임을 잊지 않았으면 한다.

오늘도 최선을 다하는 하루가 되길 기도한다.^^

From 홍창우^^(아빠)

<네 잘못이 아니냐>

11
"당연한 것을 더 조심" 2023. 02. 24.

어제는 근무하는 날이었는데 출동 중에 민성이 전화가 와서
제대로 못 받고 바로 끊어야 해서 많이 아쉬웠다.
엄마에게 들어보니 사격을 잘 했다고 들었다.^^
목소리를 잠깐 들었지만 잘 지내고 있는 것 같아서 감사했다.
그리고 민성이가 훈련소에 들어갈 때 입고 갔던 옷이랑 신발 등이 담긴
군 소포를 어제 받았다.

아빠는 다음 주 월요일
'아동의 권리'(기독교 세계관 바로 세우기, 류현모 교수) 발표 준비로
처음을 어떻게 시작할지 고민하다가 유튜브 성과학연구협의회에서
≪아이들은 정말 괜찮을까? 현대적 가정에서...≫를 번역하신
하선희 선생님 말씀이 생각이 났다.
미국 콜슨 센터의 모토(Motto)로
첫째, 특정한 신념에는 결과가 따르기 마련이며, 잘못된 신념은
희생자를 낳는다(Ideas have consequences and bad ideas have victims).
즉 생각에는 결과가 따르는데 잘못된 생각에는 피해자가 생긴다는 것이다.
둘째, 가장 위험한 아이디어는 논쟁을 불러일으키는 신념이 아니라,
사회에서 당연한 것처럼 여겨지고 있는 신념이다
(The most dangerous ideas in a society are not the ones being argued,
but the ones that are assumed. -C.S 루이스-).

이것이 위험한 이유는 잘못된 신념이 주류 문화가 되어서
당연한 것처럼 여겨지게 되면 이에 대한 반론하는 것을
제기하는 것 자체가 어려워진다.
문화가 어떤 신념에 영향을 받고 있느냐는 매우 중요하다.
아빠는 매우 공감되는 내용이어서 그대로 인용했다.

민성이도 지금 있는 논산 훈련소 뿐만 아니라
자대 배치를 받고 군대 생활을 하다 보면 이런 것들을 경험할 것 같다.
오랜 기간 군대 문화라는 당연한 것처럼 여겨지고 있는 관례들을
민성이가 맞닥뜨릴 것이고 이것으로 인한 질문과 갈등도 생길 것 같다.
아빠는 민성이가 이런 것을 어떻게 받아들이고 분별할지 기도가 된다.
중요한 것은 민성이가 그리스도인으로서 정체성을 가지고
성경의 렌즈로 이것을 볼 수 있는 안목이라고 생각한다.
그동안 삶 속에서 많이 들어왔고 고민해왔던 것이라
민성이도 잘 알 것이다.

아들~ 이번 주도 훈련받는다고 수고 많이 했다~ 화이팅!!!

From 홍창우^^(아빠)

<아들의 군 소포>

12
"카이로스 민성~" 2023. 02. 26.

할렐루야~ 주일이다.^^
어제는 오랜만에 민성이도 잘 아는 일상 신학, 생활 신앙의 지킴이
지성근 목사님 부부와 오붓한 교제의 시간을 가졌다.
목사님께서 최근에 출간하신 ≪새로운 일상신학이 온다≫에서
일상 신학에 대해 알기 쉽게 써 주셔서 많은 도움을 받고 있다.
지성근 목사님과 가장 기억에 남는 것은
울산 웅촌면에 있는 갈릴리 기도원 부근 시냇가에서
목사님으로부터 세례를 받았던 시간이었다.
민성이도 그 자리에 있었는데 기억이 나는지 모르겠다.
침례로 했는데 예고 없이 몸을 뒤로 젖혀
머리가 물속으로 잠기는 바람에 코로 물이 갑자기 들어갔다.
거의 죽었다가 다시 살아났다.
엄청난 경험의 시간이었다.

아빠와 지성근 목사님과는 약 17년 전에
범일동 IVF 사무실에서 만났단다.
아빠의 첫 번째 목사님이시다.
목사님에 대한 첫 이미지가 너무 편안했기 때문에
지금도 어떤 목사님을 만나도 그렇게 부담스럽게 느껴지지 않는 것 같다.
지난 시간을 돌아보니 그 만남의 복에 그저 감사와 은혜밖에는 없다.

일상은 보냄 받은 곳이며 사명임을 늘 깨닫게 해주시는 목사님께
감사할 따름이다.

오늘은 옛 시간을 기억하며 민성이와 시간에 대해 이야기를 했으면 한다.
민성이는 '시간' 하면 어떤 생각이 제일 먼저 나는지 궁금하다.
아빠는 시간과 때를 나타내는 두 신 '크로노스'와 '카이로스'가 생각난다.
크로노스는 과거, 현재, 미래로 연속해서 흘러가는 수량의 시간이고,
카이로스는 인간의 주관적 시간으로 적절한 때,
결정적 순간, 의미, 기회의 시간이다.
특히 카이로스의 모습은 매우 특이해서
민성이도 그 모습의 의미에 대해 들어본 적이 있을 것이다.
발가벗은 것은 사람들의 눈에 잘 띄기 위함이고,
앞머리가 많은 이유는 내가 누구인지 사람들이 금방 알지 못하게 하고
내가 앞에 있을 때 쉽게 잡을 수 있도록 하기 위함이다.
뒷머리가 대머리인 이유는 내가 뒤로 지나가 버리면
다시는 붙잡지 못하도록 하기 위해서이다.
그리고 어깨와 발뒤꿈치에 날개가 달린 이유는
최대한 빨리 사라지기 위함이며,
저울을 들고 있는 이유는 기회가 왔을 때 저울을 꺼내
정확히 판단하라는 것이고 날카로운 칼을 들고 있는 이유는
칼날같이 결단하라는 의미라고 한다.
모든 사람에게 물리적인 시간은 공평하지만
어떻게 보내느냐에 따라 빨리 가기도 하고 느리게 가기도 한다.

인생은 카이로스의 결정적 순간, 의미, 기회의 특별한 시간을
어떻게 보내느냐에 따라 달라질 것이다.

시간과 관련해서 몇 달 전에 아빠가 구급현장에서
직접 경험한 이야기를 해보려 한다.
구급현장에서는 정말 다양한 사람들을 만나는데
가끔 황당한 요구를 하는 분을 만나기도 한다.
이 분은 집에서 아프신 노모를 오랜 기간 간호하며 지낸 분인데
갑자기 노모가 숨을 쉬지 않아 119에 신고를 했다.
도착해 보니 골든타임이 이미 지났고 고령의 환자라
CPR(심폐소생술)은 의미가 없었다.
그래서 경찰에 인계하고 철수하려는데
그 노모의 딸이 어머니를 잠깐이라도 살려내라고 울먹였다.
아직 하지 못한 말이 있어서 꼭 해야 한다는 것이다.
그렇게 오랜 시간 같이 있었는데 결국 하지 못한 말이 무엇이었을까?
아빠는 잘 모르겠지만 그동안 카이로스보다
크로노스의 시간만을 보낸 것 같아 안타까웠다.

민성이에게도 군대라는 특별한 시간이 주어졌다.
지금은 그 끝이 막막해 보이지만
언젠가는 제대하는 시간이 찾아올 것이다.
아빠는 민성이가 크로노스가 아닌 카이로스의 시간,
즉 기회의 시간, 의미 있는 시간을 보내길 기도한다.

아빠도 시간을 좀 더 알차게 보내서 덜 후회하며 살기 위한
실천사항을 잠시 생각해 보았다.
그래서 되도록 서둘러야 할 세 가지를 이야기해 주고 싶다.
첫 번째는 정말 사랑하는 이를 만났을 때,
'사랑합니다~'라고 빨리 고백하는 것이다.
이럴 때는 결과에 대해 생각을 너무 많이 하면 기회를 놓칠 수 있다.
사랑을 얻거나, 차이거나 둘 중의 하나이니 고민할 것이 없다.
Just Do It! 이다.
두 번째는 내가 정말 잘못했을 때,
'미안합니다~'라고 빨리 사과하는 것이다.
그날 밤은 숙면할 것이고 뭘 먹어도 소화가 잘 될 것이다.
세 번째는 용서에 관한 것이다.
자기 중심성에서 벗어나지 못하면 인간은 타인에 대해 늑대가 될 수 있다.
진정한 평화, 샬롬은 용서가 바탕임을 잊지 말거라.
우리는 그리스도의 몸이요 지체의 각 부분임을 꼭 기억하거라.
목욕탕 세신사가 제일 좋아하는 말이 '모든 사람에게는
때가 있습니다'라고 하는데 몸의 때도 '제때' 벗겨내고
시간의 때도 '제때' 잘 붙잡길 바란다.

아빠는 예수님 믿기 전에는 크로노스의 시간이 많았다면
예수님을 믿고 난 이후에는 카이로스의 시간이 더 많아졌다.
왜냐하면 시간의 주인이신 하나님이 나의 아버지이시므로
매일이 기적과 같은 특별한 시간이기 때문이다.

알파와 오메가가 되시는 하나님께 드려지는 예배와
일상의 모든 삶 가운데 함께 하시는 하나님을
더욱 찬양하는 민성이가 되길 기도한다.

From 홍창우^^(아빠)

< 일상에서 카이로스의 시간으로 >

13
"달려라 민성^^" 2023. 02. 27.

훈련소 기상이 새벽 6시인데,
요즘 민성이가 5시 50분쯤이면 눈이 떠진다고 하니 참 감사했다.
적당한 긴장감과 함께 훈련소 생활의 적응을 말해주는 것 같았다.
아빠는 지난 토요일 밤에 잠을 제대로 못 자서
다음 날 주일이 엄청 피곤했다.
아빠 직장이 교대 근무라 숙면에 대한 소중함이 늘 간절한데,
비번날 밤에 이렇게 잠을 못 자게 되면 속이 많이 상한다.
낮엔 해처럼 환하게 일하고, 밤엔 달처럼 고요히 잠자는
일상이 참 좋은데 아빠는 퇴직 이후로 미루어야겠다.
이제 약 8년 정도 남았다.^^

어제 오후에는 교회 문화사랑방인 '북소리' 독서모임에 다녀왔었다.
이번에 나눈 책은 무라카미 하루키의
≪달리기를 말할 때 내가 하고 싶은 이야기
(What I talk about when I talk about Running)≫이다.
저자가 작가로서 인생 가운데 달리기를 통해 얻은
삶의 성찰을 담은 회고록이다.
진짜 놀란 것은 그냥 학교 운동장을 달리기는 수준이 아니라
마라톤 42.195km 풀코스와 100km 울트라마라톤,
거기다 철인 3종 경기를 완주했다고 한다.

또 놀라운 것은 소위 예술가의 불건전하고 반사회적인 도식에서 벗어나
그것들로부터 대항할 수 있는 자기면역 시스템을
달리기를 통해 만들어 간다는 것이다.
간단히 말해서 타고난 재능도 중요하지만 철저한 자기 관리를 통해
집중력과 지속력을 유지한다는 것이다.
그래서인지 자신의 늙어감과 쇠퇴함을 최대한 늦추기 위해
안간힘을 쓰며 때로는 관조하는 모습이 인상 깊었다.

아빠는 출동 현장에서 자신의 특별한 종교적 신념으로
'오직 기도만'으로 가족의 건강을 관리하는 사람을 본 적이 있다.
그것도 가정의 가장이……
'진료는 의사에게 약은 약사에게'
이것은 상식이라 생각한다.
물론 신앙인이 아플 때 기도하고
하나님께 기적과 은혜를 구하는 것은 너무나 당연하다.
그런데 문제는 기도만 하고 병원 진료를 안 받고 있다가
자신이 감당하기 힘든 정도가 되어서야 119에 신고를 하는 경우다.
참 이해가 안 된다.
이 행동은 근거 없는 한 가지만 믿는 맹신자과 상식이
전혀 통하지 않는 광신도를 너머 너무 무책임하고
무식한 행동이라는 생각을 했다.

군대는 특수한 조직이라 일반사회보다

아직 덜 개방되어 있다고 생각한다.
민성이는 이 점을 잘 알고 몸과 정신을 지혜롭게 잘 관리했으면 한다.
군인으로서 참아야 할 때도 있지만
또한 자신의 한계를 인정할 줄도 알아야 한다고 생각한다.

4주 차 훈련을 시작하는 월요일,
민성이가 오늘도 힘차게 파이팅 하길 응원하고 기도한다.

From 홍창우^^(아빠)

14
"With" 2023. 02. 28.

이제는 해도 길어지고 낮에는 햇볕만 있어도 제법 따뜻하다.
계절의 변화를 오감으로 느낄 수 있어서 참 좋다.
아빠는 짧은 군 생활이지만 위병소 근무를 섰었다.
그러다 보니 한 곳에서 주변을 자세히 보는 재미가 있었다.
계절이 바뀌면서 해 뜨는 위치가 옮겨가고
달의 생김새도 변하는 것을 자세히 볼 수 있었다.
'일찍 일어나는 새가 벌레를 잡아먹는다'는 말을 실제로 보면서
일찍 일어난 벌레의 입장은 또 어떨지 가끔 생각해 보았다.
간혹 아침잠이 덜 깬 고양이가 배수로에 빠지는 것을 보기도 하고
담벼락에 사는 설치류의 이동 경로도 자연스럽게 알게 되었다.

논산의 새벽은 어떤지 궁금하다.
아마 지금쯤이면 익숙해져서 처음에 안 보였던 것이
하나씩 보이기 시작할 것 같다.
나태주 시인은 '자세히 보고 오래 보아야 사랑스럽고 예쁘다'라고 한다.
사람도 그런 것 같다.

지난주 출동 건인데 할아버지 한 분이 갑자기 의식을 잃고 쓰러져서
주변 이웃이 119에 신고를 해서 출동했었다.
혼자 거주하는 분인데 의식도 없고 호흡이 비정상적인 응급상황이었다.

핸드폰은 패턴 잠금이 되어있어서 가족에게 연락할 수가 없었다.
병원이송 도중에 구급차 안에서 심정지가 와서 진짜 긴급한 상황이었다.
결국 경찰과 구청의 도움으로 겨우 가족에게 연락이 되었다.
그런데 제법 긴 시간 끝까지 함께 있어 준 이웃 한 분이 계셨는데
참 감사했다.
그 노인분이 평소에 이웃과의 관계가 어떠했는지 짐작이 갔다.

아빠는 CPR(심폐소생술) 교육을 나가면 꼭 이런 멘트를 한다.
"앞, 뒤, 좌, 우에 있는 분에게 '고맙습니다, 감사합니다~' 인사를 하세요~.
왜냐하면 갑자기 자신이 심정지나 기도가 폐쇄되어 숨을 제대로 못 쉬면
혼자 할 수 있는 것이 없습니다.
주변 사람이 도와주지 않으면 골든타임을 놓칠 수 있습니다."
민성이도 훈련소에서 함께 훈련받는 많은 동기 훈련병들이 있을 것이다.
민성아, '까불면 망한다.' '교만은 패망의 선봉이다.'
인간은 아무리 잘나도 코끝의 호흡이 없으면 끝이다.
아빠는 약 20여 년 동안 소방 구급 대원을 하며
무수한 죽음의 현장을 목격하면서 정말 한 명도 '죽음' 앞에서는
예외가 없음을 절감한다.
예전에 아빠는 사계절의 자연변화를 보면서 인생은 물처럼 바람처럼
흘러가고 또 돌고 도는 것이 인생이 아닐까? 생각했었다.
때로는 장자의 '나비의 꿈'처럼 내가 나비가 되는 꿈을 꾸는지,
나비가 내가 되는 꿈을 꾸는지 모르는 세상에서
소요유(逍遙遊)하며 천천히 거니는 것이 인생이 아닌가?

자족할 때도 있었다.
그러나 지금은 성경의 렌즈로 세상을 보니
현재 사는 인생은 처음과 끝이 분명한 직선이라는 것을 깨달았다.
그리고 자신의 죄를 회개하고 돌아서서 예수님을 믿는 자들에게는
하나님의 구원의 은혜와 부활의 시간이 예비되어 있음이
얼마나 감사한지 깨달으며 살아가고 있다.
까불지 말고 겸손하게 살아야 함을 다시 다짐한다.

민성아~ 앞, 뒤, 좌, 우 전우들 잘 챙기고,
너도 챙김을 잘 받는 군인이 되길 기도한다.
오늘도 힘!!!

From 홍창우^^(아빠)

15
"지금 그리고 여기" 2023. 03. 01.

오늘은 봄비가 내리는 삼일절이다.
공휴일이다 보니 아파트 주변이 더 조용한 것 같다.
엄마는 일과 글쓰기를 병행하다 보니 늘 시간이 부족한데
오늘 같이 쉬는 날 집중해서 열심히 글쓰기를 하고 있다.
민효는 강서구에 있는 세계로 선교회에 '진로' 특강을 듣기 위해
아침 일찍 출타를 하였다.
민정이는 서울에서 뭔가를 하고 있을 것이고
민성이도 논산 훈련소에서 해야 할 일을 열심히 하고 있을 것이다.

민성아~ '지금 그리고 여기'(Now and Here)라는 말을
들어본 적이 있을 것이다.
아빠는 심리학 강의시간에 들어보았는데 네이버 검색을 해보니
'가장 소중한 시간, 지금. 가장 소중한 장소, 여기. 가장 소중한 사람,
지금 함께하는 사람들. 지금 그리고 여기에서 행복하기'라는 글을 보았다.
참 공감이 된다.
그리고 또 다른 의미로 자기가 있어야 할 자리를 지키는 것이
얼마나 중요한지를 말하고 있다.
특히 가정에서 아버지가 아버지 자리에서 어머니가 어머니 자리에서
그 자리를 지키는 것이 얼마나 중요한지 뉴스를 통해 자주 접하게 된다.
부모의 자리가 없어진 곳의 희생자는 고스란히 자녀들이라는 것이다.

서로 사랑해서 결혼하고 부부가 되는 것과 부모가 되는 것은
엄청난 차이가 있다.
결혼해서 자녀가 생기는 것은 너무 자연스럽고도 큰 축복이다.
그럼에도 불구하고 자녀를 배제한 어른들의 이기적인 선택으로
고통받은 아이들을 생각하면 참 안타깝다.
아빠도 이런 말 하기가 좀 부끄럽지만 예전에 철이 없어서
너희 셋을 두고 참 어리석은 생각과 행동들로
엄마의 인내심을 시험하였던 적이 있었다.
아마 엄마가 너희들을 자신의 생명보다 더 소중하게 생각하지 않았다면
너희들 또한 깨어진 가정에서 힘들게 살아갈 뻔했다.
그렇게 되었다면 이렇게 민성이에게 위문편지도 보내지 못했을 것이다.
민성이도 알다시피 엄마의 책 ≪인생의 후반전을 시작합니다≫
출간 감사예배 때 아빠의 지난날이 다 들통나서 이제 숨길 것도 없다.
아빠는 그때 결심하고 기도했다.
그래, 전반전은 너무 몰라서, 너무 어리석어서 아내를 힘들게 했다.
'하지만 후반전 때 만회하자, 역전되리라~'
그리고 아픔으로 인한 연장전은 더 이상 없게 하자.

민성이도 언젠가는 사랑하는 사람을 만나서
결혼을 하고 자녀들을 키우는 축복 받는 시간이 있을 것이다.
착하고 믿음 좋은 돕는 배필을 찾을 것인데,
아빠는 민성이가 먼저 성실하고 믿음 좋은 준비된 남자로 살아가길 바란다.
그리고 자녀를 키우는 것은 또 다른 것이니

이것은 제대하고 아빠와 심도 있게 의논해 보자.
아버지가 되는 교육은 철저히 받아야 할 것이다.

제대 날짜가 까마득한 훈련병 아들에게 너무 먼 얘기를 했다.^^
그래도 민성아, 국방부 시계는 오늘도 쉬지 않고 돌아가고 있다.
민성이가 지금 있는 훈련소에서, 지금 함께 훈련받고 있는 전우들과
그리고 수료하는 그 시간까지 소중하게 보내며 민성이가 있어야 하는
그 자리를 끝까지 지키는 멋진 군인이 되거라~

아빠는 오늘도 야간근무 시간에 맞추어 일터로 나갈 것이고
최선을 다해 열심히 일할 것이다.

민성아~ 오늘도 파이팅이다.^^

From 홍창우^^(아빠)

< 지금 그리고 여기 >

16
"사랑한다~ 아들" 2023. 03. 02.

민성아~
비온 뒤 봄이 더 바짝 다가오면서 수료일도 가까워지니 참 좋다.^^
'0/25', '0/1,500' 무엇을 뜻하는지 아니?
'더캠프 위문편지' 앱으로 편지를 쓰는데
한 편당 제한된 단락과 글자 수다.
이 때문에 가끔은 더 적고 싶어도 줄여야 하지만
제한된 글자 수 덕분에 부담은 덜 되는 것 같다.

요즘 바로바로 소통하는 SNS에 적응되어 있다가
일방적으로 보내는 위문편지는 꼭 '짝사랑' 편지 같다.
아빠가 이 앱으로 확인할 수 있는 것은
'접수 완료', '출력 완료'만 가능하다.
그래서 아빠는 혼자 상상을 한다.
민성이에게 과연 이 편지가 위로가 될까?
훈련소 사정을 잘 모르고 눈치 없이
아빠의 라떼 이야기로 가득 채운 것은 아닐까?
평소에 말로는 주절주절 나누었지만
편지로 이렇게 아빠의 일상을 나눈 것이 처음이라 어색하지는 않을까?
민성이가 옆에 있었으면 '아빠, 요즘 그쪽으로 강의 듣고 왔어요?'
라고 물어볼 것 같기도 하다.

민성아, 아빠도 잘 모르겠다.
'언젠가는 민성이에게 하고 싶은 이야기를 말이 아닌
글로 남기면 좋겠다.'라는 막연한 생각이 있었던 것 같다.
아빠의 아버지는 불행하게도 세상을 원망하며
모든 것을 아내(아빠에게는 어머니) 탓으로 돌리는
유서 한 장을 남기고 스스로 목숨을 끊었다.
그것도 새마을금고 달력 뒷장에.
눈을 뜬 채 시신으로 누워있는 아버지의 눈을 감겨드리며
아버지의 더 이상 뛰지 않는 가슴 위에 나의 손을 올리고
하나님께 무슨 기도를 드려야 할지 먹먹한 마음으로
한참 동안 있었던 것이 생각난다.

그래서인지는 모르겠지만 편지를 적다 보니 사랑하는 아들에게
사랑한다는 표현을 더 간절히 남기고 싶었는지도 모르겠다.
그리고 아빠의 일터가 워낙 생사기로에 선 사람들을 많이 만나다 보니
'때'를 놓치기 싫은 것도 있는 것 같다.
하여튼 이번 기회에 사랑하는 아들에게
일방적인 편지로 아빠의 이야기를 표현하고 싶다.
이런 기회를 준 국방부에 감사 인사를 드려야겠다.^^

사랑한다~ 아들^^

From 홍창우^^(아빠)

17
"말씀의 안경" 2023. 03. 03.

민성아, 더캠프 앱의 '훈련 스케치' 코너에서
'진짜 사나이~' 단체 사진 잘 보았다.
약간 긴장한 모습이었지만 너무너무 반가운 사진이었다.
낯선 훈련소에서 건강하게 잘 적응하길 늘 기도한다.
단체생활이다 보니 누군가의 실수로
분대 전체가 얼차려를 받을 때도 있을 것 같다.
'내 잘못도 아닌데……' 하는 부당함에 화가 날 때도 있을 것 같다.
민성이는 이럴 때 어떻게 받아들이고 대처하는지 궁금하다.

민성아, 예전에 우리 가족 독서모임 때 나누었던
신국원 교수님의 《니고데모의 안경》 책을 기억할 것이다.
아빠는 책 내용 중에서 '게슈탈트 구조(Gestalt factors)',
즉 통합된 전체에 대한 이해 부분이 가끔 생각이 난다.
즉 보는 것을 믿기도 하지만, 믿는 것을 보기도 한다는 것.
보는 사람의 선입견에 따라 오리로도 보이고 토끼로도 보이는
그림이 생각날 것이다.
다시 말해서 어떤 것을 볼 때 '전경과 배경'으로 나눌 수가 있는데,
'배경'은 자신의 관심 밖으로 물러난 부분이고
'전경'은 자신이 관심을 가지는 초점이 되는 부분이다.
정리하자면 무엇이든 어떻게 생각하고 받아들이는가가 중요하다는 것이다.

아빠는 몇 년 전에 뭔가를 인식하는 것에 한계를 느낀 적이 있다.
그것도 사람 관계에서 그렇게 되어 깊이 실망한 적이 있다.
아빠가 누군가를 만났을 때 처음에는 'A'라고 생각했는데
알고 보니 'B'라는 전혀 다른 사람이라는 것을 알았다.
그때 아빠가 그 사람을 잘못 보았는지 아니면 저 사람 자체가
원래 그런 사람이었는지 진짜 이해가 되지 않았다.
물론 그 안에는 여러 가지 사정이 있었겠지만 분명한 것은
인식의 한계와 아빠도 상대적으로 그럴 수 있겠다고 생각하게 되었다.
이와 관련해서 책을 보다가 비판철학자로 유명한 임마누엘 칸트의
≪순수이성비판≫을 보게 되었다.
일단 책이 너무 두껍고 어려워서 이해가 잘 안되었다.
그러나 그 시대에 아빠와 비슷한 고민을 했던
철학자가 있었다는 것에 위로가 되었다.
이왕 철학자 이야기가 나온 김에 한 명 더 소개하고 싶다.
아르투어 쇼펜하우어의 ≪의지와 표상으로서의 세계≫책이다.
세상을 욕망과 권태 사이의 시계추로 보는 염세주의 철학자이다.
이 책을 보면 세상을 이렇게도 볼 수 있구나 하고 놀랄 것이다.
나중에 시간이 된다면 ≪니고데모의 안경≫을 기준으로
두 책을 비교하며 읽어 보면 민성이가 세상을 보는 안목이 넓어질 것 같다.
(처음에 너무 어려우면 입문서도 있고 유튜브 강의도 있으니 참고하기
바란다.)

민성아, 아빠는 일상 속에서 같은 장소라도

다른 사람들과 조금 다르게 보는 곳이 있다.
그 장소에서 일어난 끔찍한 사고의 기억들 때문일 것이다.
이것을 외상후스트레스장애(PTSD)라고 한다.
아빠는 이것을 잘 넘기기 위해 나름 몇 가지 방법이 있다.
먼저 고신대학교 기독교 교육과 강연정 교수님께 배운 것인데,
어떤 부정적인 생각, 즉 '반추적 사고'가 생기면 스스로
'작전 타임~, 타임아웃'을 외치고 잠시 멈추려고 한다.
나 자신을 환기시키는 방법이다.
그다음은 심호흡이 도움이 된다.
호흡조절은 매우 중요하다.
그리고 시간적인 여유가 된다면 운동이 도움이 된다.
아빠가 집에서 비발디 사계(40여 분)를 들으면서
헬스 자전거를 타는 것을 보았을 것이다.
때로는 전문가의 도움을 받는다.
아빠는 직장에서 정기적으로 전문 상담 선생님과 상담을 받는다.
그런데 아빠의 제일 확실한 경험은 하나님의 말씀이었다.
오래전 일이었는데 지금도 생생하다.
그때 너무 심란하고 괴로운 일이 있어서 큰 사고로 이어질 뻔한 순간,
성경의 로마서 8장 1~2절의
"그러므로 이제 그리스도 예수 안에 있는 자에게는 결코
정죄함이 없나니 이는 그리스도 예수 안에 있는 생명의 성령의 법이
죄와 사망의 법에서 너를 해방하였음이라"가 생각이 났다.
신기하게 갑자기 은혜가 물밀듯 밀려와서

모든 것이 순간 확 지나가 버렸다.
(계속 이런 은혜의 경험을 했으면 좋겠지만……
말씀의 총알이 부족하여 자주 경험하지는 못하고 있다.)

민성이도 위에 있는 방법을 참고해서
자기만의 해소법을 잘 찾았으면 좋겠다.
그리고 군대에서 민성이 계급이 이등병이지
민성이의 인격이 이등병이 아님을 잊지 말고 당당하게 행동하길 바란다.
늘 당부하지만 가족이 함께 있다는 것 잊지 말거라!
민성~ 오늘도 훈련받는다고 수고했다.^^

From 홍창우^^(아빠)

< 성경적 세계관 >

18
"술 너머를 보다" 2023. 03. 04.

민성아~ 어제는 야간근무였다.
불금, 삼겹 데이, 대학 개강일... 주취자 신고가 많으리라 예상했는데
다행히 주취 건은 부부 싸움 한 건만 있었다.
모든 사람이 술을 마시고 길바닥에 엎어져 있거나
난동을 부리지는 않지만 구급현장에서
그런 사람들을 자주 만나다 보니 참 힘들다.

기분이 좋아서 술, 나빠서 술, 기뻐서 술, 슬퍼서 술, 어색해서 술,
속마음을 털어놓고 싶어서 술, 배고파서 술, 갈증이 나서 술,
좋은 음식이 나와서 술, 비가 와서 술, 추워서 술, 더워서 술,
잠이 안 와서 술...... 그냥 술이 생각나서 술.
이것들은 술 마시는 사람들의 일상 중의 일부이다.
이것을 '죄'라고 단정 짓는다면 죄 아닌 것은
단지 술을 안 마신다는 것뿐일 것이다.

민성아, 아빠는 예전에 술을 엄청 많이 마신 경험이 있다.
위의 예는 사실 아빠의 경험에서 나온 것이다.
지금 술을 안 마시는 것을 자랑하거나 술 마시는 사람들을
정죄하려는 의도는 전혀 없다.
지금부터 아빠가 말하려는 것은 오롯이 아빠의 경험에서 나오는

'술의 부작용'에 관한 것이다.
농부가 땀 흘려 일하고 난 뒤 마시는 막걸리 한 잔을 두고
술 취했다고 하지는 않는 것처럼 '술 자체' 보다는
그것을 대하는 사람의 중심이 어디에 있는지 먼저 보았으면 한다.

단지 아빠는 사랑하는 아들이
'술' 때문에 힘들어하는 인생이 되지 않기를 간절히 바란다.
'답정너' 같지만 술만큼은 뭉그적거림 없이 확실하게 결단해서
아빠와 같은 시행착오를 겪지 않기를 진심으로 바란다.
서울에서 학교 다니는 동안에 술 유혹이 많았을 것인데
지금까지 잘 참고 결단해 주어서 고맙다.

이왕 이런 이야기가 나왔으니 아빠의 부끄러운 이야기이지만
술에 대해 아빠의 경험을 구체적이고 솔직하게 이야기하고 싶다.
먼저 술의 속성은 중추신경 억제제이기 때문에
마실수록 자신을 제어하는 힘이 떨어진다.
그래서 말이 많아지고 했던 말을 또 한다.
다른 사람의 말도 잘 새겨듣지 못한다.
그렇기 때문에 해서는 안 될 언행으로
다음날 곤혹스러운 경험을 하기도 한다.
두 번째는 속이 너무 안 좋다.
아빠는 수없이 변기에 무릎을 꿇고 구토를 많이 했었다.
다음날 속이 쓰리고 너무 괴롭다.

아마 지금까지 술을 계속 마셨으면 이 세상에 없거나
수전증으로 문자도 제대로 못 보냈을 것이다.
세 번째는 유흥이라는 유혹의 징검다리다.
이것은 직접 만나서 얘기를 해주어야겠다.
네 번째는 용돈이 쪼들린다.
계속 얻어먹을 수는 없다.
술친구들끼리 계속 절제 없이 달리다 보면 같이 망할 확률이 높다.
다섯 번째는 절제가 잘 안된다.
한 장소(1)에서 한 가지 술(1)로 저녁 아홉시(9)까지만 술을 마신다는
'119'를 해보았다.
그러나 '119' 생각이 드는 순간 벌써 3차째였다.
사실 이보다 제일 중요한 것은 가족 간의 시간이 줄어드는 것이다.
술친구는 절대 사랑하는 가족을 대신할 수 없다.
술을 통해 친구를 사귈 수 있지만 술로 인해
가족과 자신의 건강을 잃을 수도 있다.

군에서 술의 유혹이 있을 것이다.
강요당할 수도 있을 것이다.
그때는 앞에서 잠깐 얘기했지만 '술 자체'에 너무 집중하지 말고,
내가 무엇에 지배를 받고 있는가를 기억했으면 좋겠다.
아빠가 술에서 졸업할 수 있었던 것은 선택의 순간,
성령의 지배함이 술보다 앞섰기 때문이다.
아빠는 한 번에 술을 끊은 것이 아니라 서서히 변화되었다.

비단 술만 그렇지 않을 것이다.
선택의 차이는 운명의 차이를 만든다.
그 아주 조금의 차이가 운명을 가를 수 있다.
민성이가 사격훈련할 때 영점 조정을 했을 것이다.
총의 초점을 맞추는 가늠쇠 영점 조절기를 조금만 잘못 맞추어도
장거리 사격에서는 수십 미터 차이가 난다.
민성이는 삶의 영점 조정을 주기적으로 잘 맞추면서 살아가길 바란다.

아빠에게 술은 내 이기심의 경계였다.
왜냐하면 내가 술을 마실 때는 나만의 이유가 있었고
그것은 너무 당연했다.
그러나 이제 하나님 앞에서는 더 이상 그것이 이유가 될 수 없게 되었다.
왜냐하면 아빠가 바라보는 곳이 달라졌기 때문이다.

사랑하는 아들,
"서는 곳이 바뀌면 풍경도 달라진다."라는 〈송곳〉 드라마 대사처럼
민성이가 서 있는 곳이 어떤 곳인지 늘 점검했으면 한다.
시행착오가 많은 아빠의 들쭉날쭉 인생길에도 불구하고
지금까지 잘 따라와 줘서 너무 고맙다.

훈련의 막바지 끝까지 힘!

from 홍창우^^(아빠)

<바운스 업>

19
"만남의 복" 2023. 03. 05.

토요일 주말이라 민성이에게서 전화가 오겠지 하며
'041-' 국번을 계속 기다렸다.
카톡으로 와이파이만 연결되면 어디든 통화가 가능한
디지털시대에 올드 노멀 '아날로그 기다림'이었다.
아빠가 아주 어렸을 때는 동네(부락) 전체에
전화기가 한 대 정도(우리 집) 있었는데, 번호 다이얼이 없었다.
한 손으로 전화기 본체를 잡고 다른 손으로는
작은 손잡이를 돌리면 교환원이 나와서 연결해 주었다.
송수신 모두 기다림의 시간이 필요했던 기억이 난다.

올해 아빠는 12년 만에 교회 사랑방 모임에서 가장이 아닌 가원이 되었다.
그래서 가장으로 있었던 것을 정리도 할 겸,
민성이와 소그룹에 대해 나누었으면 한다.
교회 용어 중에는 군대 용어가 몇 가지가 있다.
~훈련, ~전투, ~사역, ~승리 등.
교회는 예수 그리스도를 믿는 사람들의 모임이고
군대는 나라를 지키기 위한 군인들의 조직이라 그런 것 같다.

아빠는 민성이가 장교로 임관해서 리더로서의 경험을 권했었다.
아빠의 말에 순종해서 ROTC에 합격했다는 소식을 들었을 때,

고생은 하겠지만 리더로서 많이 배우겠다는 생각을 했었다.
지금 와서 생각해 보니 민성이의 의사와 상관없이
아빠의 강력한 푸시로 그렇게 했는데,
나중에라도 민성이의 의사를 분명하게 얘기해 주어서 더 감사했다.
아빠는 민성이의 이런 판단을 언제든 존중하고
앞으로도 그렇게 할 것이다.
또 작은 일이든 큰 일이든 함께 의논하고 결정하는
사이좋은 부자 관계를 기대한다.

아빠가 교회 소그룹에서 처음 가장을 맡았을 때,
이런저런 고민을 하면서 빨래를 널다가 문득 이런 생각이 들었다.
'교회가 세탁기라면, 소그룹은 손빨래가 아닐까?'
왜냐하면 교회가 세탁기처럼 주일예배를 통해
교인들이 말씀의 은혜로 심령이 깨끗하게 씻음을 받고
한 주간 살아갈 힘을 공급받듯,
소그룹은 세탁기로 잘 씻어내지 못한 세세한 부분을
구석구석 손빨래로 씻어주고 닦아주는 교제가 될 수 있기 때문이다.
그러기 위해서는 '가정을 오픈하여 역동성 있는 다양한 방법으로
친밀한 교제를 가지면 좋겠다.'라고 생각했다.
그래서 자주 모이고 식사하고, 텃밭, 각종 교회 경연 대회, 성경 통독,
독서, 캠핑, 사랑방 선교지 방문(콜롬비아), 사랑방 세미나(특강),
선교사님과 함께하는 모임, 여행 등을 하며
재미있게 교제를 잘 나누었고 감사와 은혜도 있었다.

그러나 "모든 것이 가하나 모든 것이 유익한 것은 아니요
모든 것이 가하나 모든 것이 덕을 세우는 것은 아니니"
(고린도전서 10장 23절)를 깊이 깨닫는 시간도 있었다.
소그룹 교제의 '균형'을 깨닫는 귀한 시간이었고
나름 리더로서 아픔을 견뎌야 했다.
어떤 해에는 두세 명 가원이 겨우 모이는 때도 있었다.
결국 리더는 인스턴트로 태어나지 않고 훈련이 필요함을 절감했다.
부족한 가장임에도 불구하고 믿고 따라준 가원들이 아직도 생각이 난다.
민성이가 앞으로 TV 방송 프로그램인 '나는 자연인이다'처럼
혼자 사는 인생이 아니라면 결국 어딘가에 소속이 되어 살아갈 것이다.
어디서든 만남의 복 있기를 기도한다.
특별히 성품이 온화한 리더를 만나길 기도한다.
멋있고 당당한 아들의 모습을 생각하며 오늘도 화이팅이다~

From 홍창우^^(아빠)

20
"아빠를 위한 기도" 2023.03.06.

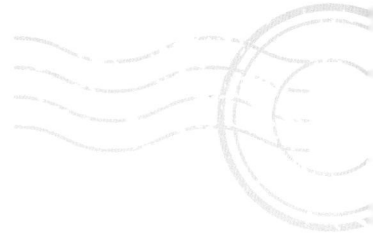

민성아~
어제는 전화 타이밍이 딱 맞아서 목소리를 들으니 참 감사했다.
훈련의 막바지 끝까지 긴장을 늦추지 말고
건강하게 마무리 잘하길 바란다.
그리고 아빠의 편지를 통해 생각하는 시간을 갖게 되고
도움이 된다고 하니 참 감사하다.
민성이가 어떤 생각을 하고 도움이 되었는지 궁금하다.
시간이 된다면 답글을 보내주면 고맙겠다.^^

사실 아빠로서 아들에게 많은 것을 해주고 싶지만
다 해줄 수 없는 것이 사실이다.
그래도 아빠의 바람은 어디서든지 민성이의 아빠가
'홍창우'라는 것이 부끄럽게 여겨지지 않기를 바란다.
아빠는 알다시피 세상에서 잘나가는 권력자도 아니고,
재산이 많은 재력가도 아니고, 지식이 뛰어난 학자도 아니다.
고귀한 인격의 소유자도 아니고 더구나 신앙이 두터워서
교인들로부터 존경받는 사람도 아니다.
그럼에도 불구하고 앞으로 민성이가 살아가는 여러 관계 속에서
아빠의 존재가 민성이에게 방해가 되지 않기를 간절히 바란다.
좀 이상하게 들릴지 모르겠지만 진짜 그렇다.

그나마 아빠가 이렇게 정신 차리고 늦게나마 예수님을 믿고
여기까지 오는 데에는 몇 가지 결정적인 터닝 포인터가 있었다.
그중의 하나가 누가복음 15장 11~32절에서
'잃어버린 아들의 비유'(이른바 '돌아온 탕자의 비유') 설교를 듣고 나서였다.
벌써 약 18여 년 시간이 흘렀다.
처음엔 성경에 이런 이야기가 있다는 것에 깜짝 놀랐다.
그리고 그 이야기 속의 '둘째 아들'이 꼭 나의 모습을 보는 것 같았고,
그 '아버지'는 아빠가 그토록 찾던 아버지의 모습이었다.
그때, '아~ 저런 아버지가 나의 아버지였다면 지금 내 인생은
정말 다른 삶을 살고 있겠구나'라고 생각했었다.
그래서 지금도 늦지 않았다면 앞으로
내 인생도 변화될 수 있겠다는 생각이 들었다.
마침 설교를 마치고 예배를 마무리하기 전에
목사님(故 김종옥)께서 함께 참석한 경성대학교 IVF 선교회 학생들에게
인사도 하고 소감을 얘기해 보라고 하셨다.
그래서 "이미 믿고 있는 여러분이 참 부럽고 대단합니다.
저도 여러분처럼 믿고 살았으면
지금과 다른 삶을 살고 있을 것 같습니다"라고 얘기했다.
이어서 아빠를 위해 축복송을 불러 주었는데,
참 민망해서 시선을 어디에다 둘지 몰랐지만 정말 따뜻한 경험이었다.
집회가 끝나고 아빠의 구원을 위해 애쓰신 목사님께
성경을 가르쳐 달라고 부탁했다.
그리고 얼마 후 로마서를 배우면서 예수님의 십자가 복음을 믿게 되었다.

사실 그 저녁 집회는 아빠의 삶에서 전혀 예상하지 못했던 선물이었다.
단지 그날 아빠의 무너진 마음을 더 이상 술로 버틸 수 없어서
아무것도 모르고 간 곳이었다.

선한 목자 되신 '아버지의 마음'은 그런 것 같다.
아빠도 그런 아버지의 마음으로 살고 싶다.
그렇다고 민성아, 아빠를 시험하여 둘째 아들처럼
일부러 집 나갈 필요는 절대 없다.
현실적으로 민성이에게 줄 재산도 없고 아빠는 그 아버지의 마음으로
살고 싶다는 것이지 아직까지는 마음만 받아주면 좋겠다.
사랑하는 아들아~ 아빠를 위해 기도를 해 다오.
가족에게 부끄럽지 않은 아버지로 살아가도록
더 나아가서는 존경받는 아버지로 살면서 예수님께로 갈 수 있도록······

From 홍창우^^(아빠)

< 인생의 후반전을 시작합니다. 가족과 함께 >

21
"텍스트(Text) & 콘텍스트(Context)" 2023. 03. 07.

민성아~
'텍스트(Text)'와 '콘텍스트(Context)'라는 말을 들어본 적이 있니?
이번 주일 교회 문화사랑방인 독서모임 '북소리'에서 나눌 내용이다.
선정된 책은 박양규 목사님의 ≪인문학은 성경을 어떻게 만나는가≫
(부제는 '텍스트로 콘텍스트를 사는 사람들에게')이다.
책 내용은 먼저 성경 속 영웅들을 향한 시선이 아니라
우리와 비슷한 현실을 살아가는 '아무개'들의 대화 속에서
'한 사람에 대한 존엄성'의 관점으로 성경을 보는 것이다.
아빠도 지금까지 잘 접해보지 못한 콘텍스트의 관점으로
성경을 보게 되었다.
그리고 두 번째는 '시련의 순간을 이기게 하는 힘은 텍스트다.
평소에는 무의미해 보이던 구절이나 찬송가 가사가 마음을 파고드는 것은
텍스트가 가진 능력이기 때문이다.'라는 내용이다.
이 부분에서 아빠의 들쭉날쭉한 인생 가운데 변하지 않는 하나님 말씀인
텍스트의 능력에 대해 다시 생각하게 되었다.

아빠는 몇 년 전에 직장과 병행하며
고신대학교 기독교 교육과에 편입했었다.
늦게나마 학문에 대한 열정을 가지고 열심을 내었다.
그때 '기독교 세계관' 강의를 소진희 교수님께 배우면서

세상을 바라보는 '관점'에 대한 유익한 시간을 가졌다.
그리고 최근에는 서울대학교 치의학대학원 류현모 교수님께
온라인 줌 강의를 들었다.
교수님께서 번역하신 데이빗 A. 노에벨의 ≪충돌하는 세계관≫을 통해
여러 가지 세계관을 비교하며 배우고 있다.
지금도 '기독교 세계관 바로 세우기' 독서 모임을 통해
나눔을 계속하고 있다.
민성아, 우리의 일상은 반복적이고 평범해 보여도
세대마다 다른 특징이 있다.
또 그림과 음악 등 예술 분야를 통해, 많은 사람들의 삶의 이야기를 통해
나의 일상도 '콘텍스트' 속에 있음을 경험한다.
아빠는 민성이가 작곡을 전공하는 음악가로서
이것들을 잘 끄집어 내어 지치고 힘든 사람들에게 위로와 평안을 주는
작곡가가 되기를 바란다.

민성아, 아빠는 텍스트와 콘텍스트의 이해를
아빠의 직장에서 적용해서 생각해 보았다.
먼저 소방 구급활동은 의료법, 응급의료에 관한 법률 등으로
그 업무 범위가 구체적으로 문서화되어 있고
상황에 따른 메뉴얼도 체계적으로 잘 만들어져 있다.
그런데 아직도 아빠가 적응이 안 되는 두 가지가 있다.
한 가지는 밤, 낮이 바뀌는 교대근무이고 다른 하나는 비응급 신고이다.
단순 복통, 변비, 설사, 설피, 찰과상, 타박상, 기력저하 등

그리고 심지어 마음이 아파서……
단순히 술 취한 사람은 구토물을 닦아가며
경찰관과 함께 집에 데려다주기도 한다.
민성이도 나중에 어떤 일을 맡으면
법과 현실 사이에서 고민이 되는 경우가 있을 것이다.
일관성(기준)과 융통성 사이에서 고민될 때
아빠와 이야기를 나눌 수 있는 시간이 있으면 좋겠다.

민성아, 이것은 조금 다른 이야기이지만
아빠의 직업세계에 대해 조금 더 이야기를 하고 싶다.
20여 년 전, 아빠가 처음 구급 대원으로 일할 때 몇 가지 놀란 것이 있었다.
처음 보는 다양한 구급 장비들이 많은데
실제 현장에서는 몇 가지만 사용하는 것이었다.
그럼에도 불구하고 병원 이송만 해 드려도 감사 인사를 많이 받았다.
요즘은 구급차에 새로운 좋은 구급 장비들을 갖추고 있다.
구급 대원의 수준도 엄청 높아져서 장비 사용 빈도가 높고
전문 응급처치를 매우 잘한다.
그러나 이제는 출동한 구급 대원에게 감사 인사 대신
폭언과 폭행을 하는 사람들이 늘었다는 것이다.

지금 아빠는 선배로서 후배 대원들에게
그동안의 현장 노하우를 전해주어야 하는데 오히려 배우는 것이 더 많다.
아빠가 처음 구급 대원으로 일할 때만 해도 단순 병원이송 위주여서

임용 전, 물리치료학과에서 배운
생리학, 해부학의 기본 지식만으로도 충분했었다.
그러나 요즘 신규 구급 대원들은 간호학이나 응급구조학을 전공한
의료인으로 병원 경력을 가지고 특채로 들어오다 보니
사용하는 용어가 전문 의학용어로 바뀌었다.
예전에 피나면 지혈하고, 부러지면 고정하고,
숨쉬기 힘들면 산소 투여하고,
심장이 안 뛰면 심폐소생술 하는 것과는 차원이 달라졌다.
또한 지금은 응급실 의료진과 진료 가능 여부를 확인하고 이송하니
선배지만 후배에게 다시 배우면서 도우미의 역할을 잘해야 한다.
그럼에도 불구하고 후배들이 아빠를 선배로 깍듯하게 대우해 주어서
감사할 따름이다.

챗GPT가 사회의 이슈가 되고 4차 산업혁명의 핵심 역량인
4C(Communication 의사소통 능력, Creativity 창의력,
Collaboration 협업 능력, Critical Thinking 비판적 사고)가 더욱더
절실한 시대에 살면서 '텍스트'와 '콘텍스트' 사이에서 생각이 많아진다.
민성이도 변화하는 군대 문화 속에서 이것을 잘 분별하여
슬기로운 군대 생활을 하기를 기도한다.

예전에 민효가 맹장 수술로 병원에 입원했을 때,
병문안 간 둘째 민정이에게 "민효 좀 어떠니?" 하고 물어보니
"민효는 배 아픈 것 빼놓고는 다 괜찮아요"라고 해서

한 번 웃었던 기억이 난다.
아빠는 20년 넘게 소방 구급대원으로 일했고 지금도 현장에서 뛰고 있다.
아빠에게 적성에 맞고 보람과 재미도 있다.
그러나 민정이 표현대로 하면
아빠는 육체적으로 피곤한 것을 제외하면 비교적 괜찮다.
민성아, 첫 서두에 이야기한 것처럼 이 세상은 영웅들이
지배하는 세상이 아니라, 현실을 살아가는
'아무개'들의 삶과 대화 속에서 만들어져 간다고 생각한다.
우리는 현실을 살아가는 '아무개'이지만
하나님께서 자녀 삼아 주셨음을 잊지 말도록 하자.
성자 하나님이신 예수님께서 우리를 위해
완전한 사람의 몸으로 이 땅에 오신 때를 기억하자.
예수님이 우리와 같이 삶 속에서
고통, 고난, 질고를 겪으셨음을 기억하고
그때마다 선택하시고 행하신 발걸음을 기억하자!

From 홍창우^^(아빠)

22
"폿대를 향하여" 2023. 03. 08.

민성아~ 5주 차에 20km 야간행군이 있다고 들었다.
완주 잘하길 바란다.

아빠는 20대 때 지리산 종주를 몇 번 했었다.
그때마다 다양한 에피소드가 있었다.
한 번은 아빠가 친구들을 가이드 해서 지리산 종주를 계획했다.
3박 4일 일정으로
구례 화엄사 – 노고단 – 세석 – 장터목 – 천왕봉 – 중산리 코스였다.
그때는 산장에서 야영이 가능해서
텐트, 침낭, 통조림 등을 각자 배낭에 분배해서 넣었다.
그래도 무게가 꽤 나갔던 것으로 기억난다.
첫날 화엄사에서 노고단 산장까지 약 4~5시간 정도 계속 오르막을 올랐다.
진짜 힘이 들었지만
나중에 천왕봉 정상에서의 기쁨을 생각하면 참을 만했다.
그런데 첫날 저녁 돌발 상황이 발생했다.
노고단 산장에서 친구 한 명이 3박 4일 동안 나누어 먹어야 할 음식을
조절하지 않고 먹기 시작하였다.
그 친구는 너무 힘들어서 내일 바로 하산한다는 것이다.
단독 결정이었다.
가이드로서 '어떻게 해야 할까?' 고민이 되었다.

분위가 너무 안 좋아졌다.
설득해서 억지로 산행을 강행한다 해도 혹시 지리산 중간지점에서
이런 일이 또 발생하면 더 힘들게 될 것 같았다.
급한 문제가 생기면 문제의 원인을 따지기보다
'그러면 이제 어떻게 할 것인지'의 해결 방법을 먼저 찾아내
빨리 해결해야 한다.
지리산같이 넓고 깊은 산에서는 절대 겸손해야 한다.
의견이 분분한 가운데 그다음 날 하산을 결정하였다.
지금도 그 결정이 옳았는지는 잘 모르겠다.
그 일 때문만은 아니지만 그 친구와는 교제권이 점점 멀어졌다.

사람은 오래 사귀어도 그 속을 잘 알 수 없으니, 세상 사람들은
도박, 등산, 음주를 같이 해보면 어느 정도는 알 수 있다고 한다.
재미로 하는 카드놀이지만 돈이 많이 걸리면 도박이 되고
눈빛이 바뀌는 친구들이 있다.
제법 힘든 산행을 해보면 자신의 성격이 어쩔 수 없이 드러난다.
술은 말할 것도 없다.

우스개 이야기인데, 여러 명이 카드놀이를 하다가
갑자기 한 명이 말없이 나가버리면, 소심하고 신중한 A형은
혹시 나 때문에 나갔는지 조심스럽게 생각하고,
자존심이 센 B형은 맺고 끊음이 확실해 바로 뒤따라가서 이유를 물어본다.
뒤끝 없는 O형은 왜 나가느냐고 일단 큰 소리부터 지른다.

주관이 뚜렷하고 감정 표현이 상대적으로 약한 AB형은
누가 나갔는지 모르거나 관심이 별로 없고 자기 차례에 집중한다고 한다.

부모, 자녀 관계도 잘 알 것 같으면서도 모르는 것이 참 많다.
아빠는 약 18년 전 처음 예수님을 믿고 양산에 계시는 부모님께 찾아가서
이런저런 얘기 중에 그동안 마음에 담고만 있었던 질문을 솔직하게 했다.
"아버지, 어머니는 자식들 보는 앞에서 왜 그리 많이 싸우셨는지요?"
아버지는 머뭇거리며 미안한 표정이셨는데,
어머니는 "부부가 싸울 수도 있지, 네가 와(왜)?"라고 하셨다.
어머니의 예상하지 못한 답변에 순간 머리가 멍해졌다.
그러면서 '부부의 애증 관계'란 이런 것이구나 생각하며
지난 시간이 주마등처럼 머릿속을 스쳐 지나갔다.
그날 저녁 부산 집으로 돌아오는 길에 이런저런 생각에 잠겼다.
아빠는 오랜 시간 동안 어머니 편에서 아파하고 힘들었는데
전혀 예상하지 못한 답을 듣고 충격을 많이 받았다.
과연 나는 그동안 어떤 답을 듣기 원하며 살았던 것인지,
그나마 늦게라도 알게 되어서 감사해야 할 것 같지만
지금도 가슴이 쓰리고 여전히 아픈 기억으로 남아 있다.

사람은 믿을 대상이 아니고 사랑해야 할 대상이라고 하는데,
아빠는 누구를 믿고, 누구를 사랑한 것일까?

"이제 내가 사람들에게 좋게 하랴 하나님께 좋게 하랴

사람들에게 기쁨을 구하랴 지금까지 사람들의 기쁨을 구하였다면
그리스도의 종이 아니니라"(갈라디아서 1장 10절)

민성아~ 아빠는 아직 모르는 것이 너무 많다.
그러나 사람에 대해서 생각할 때는 이 말씀을 꼭 기억했으면 좋겠다.
부모도 포함이다!

From 홍창우^^(아빠)

< 최선을 다해 끝까지 달리자 >

훈련병 아들에게 보내는 소방관 아빠의 편지

23
"선택과 집중" 2023. 03. 09.

27연대 3교육대 9중대에서 온 수료식 "초청장"을 가족 톡으로 잘 받았다.
수료식이 언제 오나 했는데 벌써 5주가 지나갔다.
그리고 어제 전화에서 야간 행군을 무사히 완주했다니 참 감사하다.
어제는 잠깐이라도 군부대 전화가 아닌 민성이 폰으로 바로 와서
더 가깝게 느껴졌다.^^

민성이가 군대의 첫 관문인 훈련소에서 수료하는 것은
결코 작은 일이 아니다.
이것이 있어야 그 다음이 있고 그래야 제대까지 갈 수 있으니 말이다.
아빠는 수학을 잘 못하지만 '가우스 함수 그래프'가 생각난다.
선분의 좌측은 닫혀 있고,
우측은 열려 있는 1.999……는 2가 아니고 결국 1인 것이다.
수료식 날 민성이는 그 소수점을 뛰어넘는 것이다.

아빠는 지난 화요일부터 이삭교회 성경대학(2년 과정)을 시작했다.
1회 졸업생인 엄마의 조언은 간단 명료했다.
"끝까지 하는 것이 중요해요!" 역시 돕는 배필이다.^^

2014년 아빠는 직장에서 매너리즘이 찾아왔다.
마침 정기 인사 기간이라 부산소방재난본부 구조과로 부서를 옮겼다.

여러 업무 중 하나가 SNG(Satellite News Gathering) 차량관리 및
통신 업무인데, 비상시 무궁화 5호 위성과 교신하여
소방청 등 중요기관과 통신을 하는 것이다.
그 일을 하면서 '드론 카메라를 활용하여 재난현장 영상을
SNG에 연결해서 119 종합상황실로 보내면 어떨까?' 하는 생각을 하였다.
마침 아마존에서 '드론' 책 배송 기사가 나서 힌트를 얻었다.
버드 뷰로 재난현장을 볼 수 있으니 도움이 될 것 같았다.
그래서 개인 드론을 구입해서 우여곡절 끝에 간신히 성공했다.
정말 뿌듯했다. 그러나 실시간 영상이다 보니 보안 등
여러 가지 절차가 필요했다.
그래서 바로 시행하지 못하였고 장비 구입 예산도 없었으나
드론에 대한 열정으로 무인 헬리콥터 조종자 국가자격증을 취득하였다.
소방청 드론 TF에도 차출되어 소방과학기술연구소(현. 국립소방연구원)
연구원들과 함께 열심히 자료를 만들었다.
TF가 해산되고 얼마 후, 그 연구소로 파견 제안을 받았다.
금요일 저녁에 전화를 받았는데
그다음 주 월요일에 공문을 바로 보내겠다는 것이다.
"아~~잠시만요, 조금 있다 다시 전화드릴게요"
가슴이 두근두근, 생각이 갑자기 많아졌다.
옆에 있던 엄마는 좋은 기회니 놓치지 말라고 적극 권했다.
그런데 아빠는 함께 TF에 있었던 대구 직원을 먼저 추천했다.
왜냐하면 아빠보다 조종 실력이 월등했기 때문이었다.
사실 진짜 이유는 아빠의 도전정신이 부족했기 때문이었다.

그래서 나중에 한 명 더 필요하면 그때 아빠를 꼭 불러 달라고 부탁했다.
그러나 아직까지도 아무 소식이 없다.
물론 아빠의 최종 목표가 연구소에 가는 것은 아니었지만
매우 중요한 기회였음은 분명했다.

민성아, 살다 보면 이런 일들의 연속인 것 같다.
당장은 필요 없어 보이고, 지금은 안 해도 될 것 같고,
나보다 저 사람이 더 나을 것 같은데 등.
그러나 시간이 지나면 그 기회가 똑같이 잘 오지 않는 것을 경험한다.

선택과 집중의 시간을 놓치면 선택과 포기 사이에서 고민하게 된다.
그리고 선택마저 없어지면 결국 포기만 남는다.
포기는 아제들이 배추 셀 때만 필요하다!

"여리고 성은 열세 바퀴를 다 돌았을 때 무너졌다!"

From 홍창우^^(아빠)

24
"현역! 민성" 2023. 03. 09.

오늘 저녁에 반가운 군사우편, 민성이 편지가 도착했다.
새벽을 깨우며 시작하는 훈련소 일과를 잘 소화해 내고 있으니 감사하다.
사격도 진짜 잘했다.^^
수송대 지원 안 했으면 스나이퍼로 차출될 뻔했다.
동기병들과 나이 차이가 좀 있지만 친하게 지낸다고 하니 또한 감사하다.

아빠 때에는 '방위'라고 있었다.
아빠는 2대 독자라 족보에도 없는 '장군의 아들'이 되어
6개월 복무를 했다.
(면제는 신의 아들, 18개월은 사람의 아들, 현역은 어둠의 자식들......)
아빠는 짧지만 해운대 신병교육대 위병소에서 꿋꿋하게 복무했다.
그런데 말이 장군의 아들이지 현역들로부터 놀림을 많이 받았다.
방위의 임무는 전쟁 시 적군의 포로로 잡혀 적군의 군량을 바닥내야 하고,
식판을 들고 산꼭대기로 올라가 적의 레이더를 방해해야 하고,
오후 6시에 칼퇴를 하여 적의 사기를 떨어트려야 한다 등의 놀림을 당했다.
어떨 때는 바퀴벌레로 비유해서 '몰려다닌다', '해가 지면 나온다',
'죽여도 죽여도 계속 나온다'...... 심지어 방위가 군인이라면 파리도 새다!
이만할게.^^

직장에서 군대 이야기가 나오면 아빠는 보통 침묵할 수 밖에 없었다.

아빠에게 어디 나왔느냐고 계속 물어보면
'지구방위 특공대' 나왔다고 대충 얼버무린다.

민성아, 여성들이 제일 재미없어 하는 세 가지 이야기가 있다.
3위는 군대 이야기, 2위는 축구 이야기,
1위는 군대에서 축구 한 이야기이다.
아빠도 재미없다!

생각해 보면 모든 군인은 누군가의 귀한 자녀이다.
고의적 편법이 아닌 이상, 절차에 따라 방위 판정을 받았고,
현역 판정을 받았을 뿐이다.
아마 상대적으로 현역은 긴 복무를 해야 했기에 더 고단했을 것이다.
더구나 군 인권이 약했던 시절이라 더욱 그러했을 것 같다.
어떤 공대생 현역은 제대할 때
'2차 방정식 근의 공식'이 생각 안 난다고 들었다.
요즘 복무 기간이 많이 단축되고 환경이 많이 좋아졌지만
그래도 심리적으로 육체적으로 가장 힘든 곳이 군대라고 생각된다.
민성아~ 건강하게 다치지 말고 제대해야 한다.

아빠는 민성이에게 아빠가 '장군의 아들'이었다는 것을 숨기거나
거짓말을 할 이유는 전혀 없다.
그렇다고 애써 말하고 싶지도 않다.
왜냐하면 방위는 현역과 달리 뭔가 설명이 늘 필요했기 때문이다.

좀 구차하게 보이기까지 하다.
오늘은 아빠 혼자 이런 상상을 해보았다.
만약 아빠가 귀신 잡는 해병대나 특수공수부대 출신이었다면
편지 내용이 어떠했을까?
최소한 파리가 새가 되는 이야기는 안 했을 것 같다.^^

어찌 되었건 현재가 더 중요한 것 아니겠니?
아빠는 지금 장군의 아들에서 비교도 할 수 없는
'하나님 나라의 시민권자'로 살고 있다.
그리고 더 더 중요한 것은 하나님을 '아버지'라고 부를 수 있는
특권을 부여받았다.
더 더 더 중요한 것은 아빠의 외부적인 조건이 아니라,
하나님의 불가항력적인 은혜로 예수님의 십자가 보혈로
구원을 받았다는 것이다. 할렐루야~

솔직히 말해서 방위는 좀 숨기고 싶다.
하지만 아들에게 '예수 그리스도는 복음이다'는 늘 자랑하고 싶다!

From 홍창우^^(아빠)

25
"기도(Airway) & 기도(Prayer)" 2023. 03. 11.

어제 30년 전 아빠의 훈련소 수료식 사진을 함께 보냈는데 보았니?
민성이가 수료하는 일자와 똑같아서 신기했다.
민성이는 아빠의 옛 모습을 보고 어떤 느낌이 들었는지 궁금하다.

민성이에게 매일 편지를 쓰기 시작하면서
'일상생활 신앙'이라는 것이 생각났다.
왜냐하면 편지를 쓰면서 하나님께 기도를 하기 시작했기 때문이다.
'하나님, 오늘은 민성이에게 어떤 이야기를 하면 좋을까요?
저의 편지가 민성이에게 조금이라도 도움이 되었으면 좋겠습니다.
아버지~ 도와주실 거지요?'
때로는 걷는 중에, 샤워 중에, 식사 중에, 아침에 눈을 뜨면서,
책을 보다가도 문뜩문뜩 기도한다.
그러다 보니 매일의 삶이 하나님과 동행할 수밖에 없다.
민성이 덕분에 아빠가 '하나님과의 관계'가 더 친밀해졌다. 고맙다^^
일상의 기도란 이런 것이 아닐까?
이제는 내 가족 너머 가까운 친척, 옆집 이웃, 직장동료 등으로
기도의 폭이 더 넓어져야겠다고 생각했다.

민성이는 기도가 무엇이라고 생각하니?
하나님께 언제, 어떤 기도를 드리니?

혹시 기도가 막힐 때는 어떻게 하니?

예전에 해운대 벡스코에서 행사가 있으면
소방에서 CPR(심폐소생술) 홍보교육을 나가곤 했다.
부스에 초등학생들이 일곱 명쯤 모이면 기본적인 설명을 하고 실습을 했다.
아빠가 기도유지(Airway)를 설명하기 전에
한 초등학생에게 '기도'가 뭔지 아니? 하고 물었다.
그러자 갑자기 두 손을 꼭 모으고 눈을 감는 것이었다.
아~ 기도(Prayer), 잠깐 생각해 보니 아빠가 요구한 답은 아니었지만
그것도 맞았다.
중요한 것은 기도(Airway)가 막히면 숨을 쉴 수 없으니
육체적 생명에 치명적이고,
이 기도(Prayer)도 막히면 하나님과의 관계가 막히니
영적인 생명에 치명적이다.

민성아, 기도의 응답에 대해서는 어떻게 생각하니?
하나님께서는 어떤 기도에 응답해 주시는 것 같니?
아빠는 한 직원의 비상식적인 장비 교대 때문에
출근 전 아파트 지하 주차장에서 하나님께 기도한 적이 있다.
"하나님, 이제는 도저히 못 참겠습니다. 오늘은 결판을 내야겠습니다.
그러니 한 방에 해결할 수 있는 말을 제 입에 넣어주세요."
아무리 초신자라도 너무 유치한 기도였다.
그런데 예상을 완전히 뒤엎었다.

불현듯 아빠의 심령에 "창우야, 네가 출근하는 이유가 뭐니?
그 사람 때문이니?"라고 누가 이야기해 주는 것 같았다.
그래서 혼잣말로 "음…… 그렇지요, 제가 출근하는 이유는
119의 도움이 필요한 사람들 때문이지요……" 하는 순간,
가슴에 뭔가 뻥 뚫리면서
아 그렇네! 그날 출근길은 아빠가 유일하게 알고 있었던
'온맘 다해' 찬송을 부르며 기쁘게 출근을 했다.
마침 그 직원을 보는 순간 웃으며 반갑게 인사를 했다.
어찌 보면 별로 특별한 내용도 없다.
그러나 그 기도는 '하나님과의 관계'에서 아빠에게
특별한 만남이었기 때문에 지금도 생생하다.
하나님께서는 민성이의 기도도 꼭 듣고 응답해 주시리라 믿는다.
비록 어린아이 같은 기도라도 솔직하게 하나님께 내어 놓으면 좋겠다.
아마 하나님께서는 이미 다 알고 계시면서도
잠잠히 기다리고 계실 것 같다.
엄마, 아빠도 가끔 그럴 때가 있다.

From 홍창우^^(아빠)

26
"TMI" 2023. 03. 12.

이제 민성이에게 보내는 훈련소 편지도 며칠 안 남았다.
들려주고 싶은 이야기들이 아직 많이 남아 있는데 마음만 바쁘다.
그래서인지 어제부터 쓰다 지우기를 계속 반복하고 있다.
전영록의 '사랑은 연필로 쓰세요~'라는
아주 예전의 노래 가사도 생각이 났다.

처음엔 어제 출동했던 심정지 출동 건을 적었다.
두 건이었는데 한 분은 소생하셨고 다른 분은 그렇지 못했다.
나이도 비슷한 50대였는데 생사의 갈림길에 대한 생각과
아빠가 약 15년 전, 부산 하트세이버(심정지 환자에게 신속하고 적극적인
응급조치로 생명을 살린 자에게 주는 인증서) 1호 배지를 받을 때의
스토리를 적다 보니 너무 길어져서 지웠다.

이미 오래전 일이고 다시 생각하고 싶지 않은 일이지만
집안 송사로 인해 우리 집 가세가 급격하게 기울어졌던
흑역사를 적어보았다.
어느 날 일본에서 집안 종손이라는 분이
아빠의 할아버지를 만나고 나서 집안 분위기가 매우 안 좋았다.
그리고 며칠 후, 우리 집 재산이 가압류되었다.
그로부터 10년 이상

지방, 고등, 대법원, 재심 판결 그리고 가압류되었던 부동산은
모두 경매처분 되었다.
아주 긴 스토리였다.
그때 처음부터 합의를 했더라면 지금쯤 어떻게 살고 있을까?
아빠는 직장은 제대로 다니고 있을까?
예수님을 만날 수 있었을까?
민성이에게는 또 어떤 영향을 주었을까? 등등
이것저것 적다가 이 과정은 다음에 날을 잡아서
차근차근 들려주어야겠다는 생각이 들었다.

처음 예수님을 믿고 교회에 나와서 걸음마부터 가르쳐 주신
지성근 목사님과 '함께하는 교회 식구들(IVF)',
아빠의 근무여건과 영적 상태를 보시고
일대일 눈높이 성경 공부로 성경 66권 제목 암기부터
기본 교리를 바쁘신 시간을 내어 가르쳐 주셨던 정진섭 원로목사님,
그리고 우리 가정을 위해 따뜻한 시선과 관심으로 돌보아주셨던
많은 분들의 이야기를 적다 보니
이것도 1,500자 이내로는 도저히 불가능했다.

그 외에도 아직 들려주지 못한 그리고 계속 진행 중인
119출동 에피소드를 나누고 싶었지만 결국 중구난방(衆口難防) 이었다.
요즘은 채널이 너무 많아서 판단하기 어려운 시대를 살고 있는데,
훈련소에 있는 아들에게 보내는 편지마저

TMI(Too Much Infomation)가 되어서는 안 되겠다는 생각이
문득 들어서 다 지우고 조용히 생각을 정리했다.

'과유불급(過猶不及)'이라고 지나침은 부족함만 못하다는 말이
생각이 났다.
아무리 좋아도 어느 정해진 선을 정하는 것이 삶의 지혜라고 생각한다.
그래서 아빠의 못다 한 이야기는 또 하나님께서 길을 열어 주시면
그때 다시 시작하기로 결정했다.
누가 한의사에게 '인생은 무엇인가요?' 물었더니
어떤 한의사가 '인생은 한방입니다.'라고 대답했다고 한다.
어쩌면 우리 인생은 하나님께서 한 번 휙~ 불어버리면 끝나는 인생이다.
'까불면 망한다'는 말이 나이가 들면 들수록 가슴에 새겨진다.

"진실하게 삽시다! 깨끗하게 삽시다! 사랑하며 삽시다!"라고
주일 설교 파송사로 교인들에게 당부하셨던
정진섭 원로목사님의 말씀이 오늘은 더 와닿는다.
민성이가 지금 있는 그곳에 하나님께서 함께 하실 줄 믿는다.
은혜 가득한 주일 되거라! 할렐루야~

From 홍창우^^(아빠)

< 사랑은 연필로 쓰세요 >

27
"그 동안 수고했다 아들~ 멋진 모습에 감사"

2023. 03. 13.

드디어 수료일이 하루 앞으로 다가왔다.
내일 만나겠지만 미리 축하한다!
수고했다 아들~
아빠도 훈련소 위문편지를 오늘로서 마무리하게 되었다.
아빠는 엄마로부터 100여 통 연애편지를 받고도
엄마에게는 겨우 4통 정도 쓴 것 같다.
그런데 아들에게 이렇게까지 쓸 줄은 아빠도 몰랐다.
그런데 어제 지성근목사님 부부와 잠깐 차를 마시면서
편지 이야기를 하다가, 목사님께서는 군 복무 시절 사모님께
연애편지를 27일이 아닌 21개월 동안,
그것도 매일 손 편지를 보냈다는 이야기에 깜짝 놀랐다.
아~ 일상생활 사역연구소 소장님답게 사랑 표현도 에브리데이~
일편단심이셨구나!

사실 민성이에게 훈련소 마지막 편지를 어떻게 적을까,
며칠 전부터 계속 생각을 해왔다.
먼저 이재철 목사님의 책 '매듭짓기' 내용을 인용해서
무엇이든 매듭을 잘 지어야 한다는 권면을 적었다.
그런데 좀 억지로 끼워 맞추는 느낌이 들었다.
그래서 엄마의 조언을 듣고 민성이를 키우면서 감사한 것이나

에피소드를 적기 시작했다.
온천장 허심청에서 고사리 손으로 아빠의 넓은 등판을 밀어준 것,
중학교 졸업식 때 바른 언어생활 모범상 받은 것,
할머니 장례식 때 든든하게 아빠 옆을 지켜주었던 것,
엄마 책 출판기념 감사예배 때 민정이와 축하 연주해 준 것,
뉴욕에서 브로드웨이 '오페라의 유령' 공연 보다가
시차 적응이 안 되어 둘 다 잠들었던 것,
거제 갯바위 뽈락 밤낚시 갔다가 모기에게 엄청 수혈한 것 등.

그러다가 갑자기 아빠가 제일 기억에 남고 감사한 것이 문득 생각이 났다.
'가정 예배'였다.
아빠가 그동안 잠시 놓치고 있었던 예배로 모이는 가족모임!
그 시작은 아빠가 아닌 선교사님으로부터 시작되었다.
아빠가 중앙소방학교에서 교육을 받고 있을 때,
몽골 장현수, 임현정 선교사님 부부가 우리 집에서 2주일간 머물면서
'선물'로 주고 가신 것이다.
그 짧은 기간 아빠는 너희들의 예배 자세가
어쩜 그렇게 적극적으로 바뀔 수 있었는지 아직도 이해가 잘 안된다.
하여튼 아빠는 영문도 모르고 선교사님의 뒤를 이어
그 밥상에 숟가락만 얹어놓게 되었다.
지금 임경완 목사님의 책 《교리와 함께하는 365 가정예배》를 보니
거의 1년 넘게 매일 한 것 같다.
저녁 시간은 너무 늦게 모여서 새벽 시간으로 옮겨서 하기도 하고

아빠가 직장에 있을 때는 줌으로 하기도 했다.
그때 사진을 찾아보면 너희들이 이불을 뒤집어 쓰고 있기도 하고,
엎드려 있기도 하고...... 자세와 표정이 참 다양했다.
놀라운 것은 매일 삶 가운데
어떻게 할 이야기가 그렇게 많았는지
가정예배를 안 했으면 어떻게 할 뻔했나 생각이 들었다.
때로는 아빠가 말이 너무 많아서 엄마한테 주의를 받기도 했지만
아빠는 그때가 참 좋았고 계속 기억에 남을 것 같다.

앞으로 몇 년간 우리 가족은 민성이는 군대에서,
민정이는 서울에서, 민효는 미국 뉴욕에 있으니
함께 예배드리며 일상의 이야기를 나누기는 어려울 것이다.
너무너무 아쉽지만 언젠가는 다시 모여 오손도손 이야기하며
감사와 은혜를 나누길 기대한다.

민성아~ 아빠의 아들로 태어나줘서 너무 감사하다.
든든한 군인으로서 멋진 모습에 또 감사하다!

From 홍창우^^(아빠)

< 네가 있어 감사^^ >

군대간 아들에게 보내는
엄마의 편지

01
"감사"

우리 집의 첫째 민성아~

우리 민성이가 벌써 군대에 갔구나.
6살 때 유치원에 다닐 때와 초등학교 입학하던 때가 눈에 선한데
벌써 군대를 가다니! 세월이 참 빠른 것 같구나.

네가 엄마 배 안에 있을 때 너에게 거의 매일 편지를 쓰며 대화했단다.
그때 태아 일기를 쓴 노트가 이사하며 어느 짐 깊숙이 보관되어 있을 거야.
그때 너의 태명은 '홍아'였단다. 아빠의 성이 홍가이기도 하고 부르기도
쉬워서 '홍아'라고 불렀지.
아침에 밥할 때, 직장에 출근, 퇴근할 때, 일할 때, 길을 걸을 때,
공원에서 산책할 때 하늘과 나무나 꽃을 보며 너와 이야기 했단다.
푸른 하늘에 대한 설명도 하고 나무와 꽃의 색깔에 대한
이야기도 하였단다.
또 날씨에 대한 이야기, 회사에서 일어난 일을 이야기하기도 했어.
엄마가 휴일이나 퇴근 후 집에 있을 땐 늘 CD를 켜서
클래식 음악을 들었단다.
모차르트, 바흐, 베토벤, 멘델스존, 브람스, 헨델, 하이든, 로시니, 쇼팽,
비발디, 요한 슈트라우스, 드뷔시, 파가니니, 리스트 등
유명하다는 음악가의 CD는 다 들었단다.

태중에 있을 때도 매일 들었고 태어나서도 매일 들었지.
민정, 민효 때도 동일했고 민효가 초등학교 갈 때까지 집에서 놀거나
책을 읽거나 여러 활동을 할 때는 늘 클래식 음악이 흐르고 있었지.
엄마, 아빠가 음악을 전공하지 않았는데도 네가 작곡과를 가고,
민정이가 비올라를 전공하고, 민효도 악기를 쉽게 다루는 것은
너희들이 어릴 때 늘 음악을 들었던 영향일 것 같기도 해.

네가 엄마의 태중에 있을 때 늘 대화하며 홍아는 어떤 모습일까
상상하였는데 드디어 태어나서 얼마나 기뻤던지!
네가 처음 태어났을 때 너를 보자마자 엄마는 쉴 새 없이 눈물이 나왔단다.
아픈 것은 뒤로하고 너무나 감격스러워서 말이야.
그때 너를 간호사에게서 받아 안던 느낌이 아직도 생생한데
벌써 군대를 가다니!

네가 군대에 간 나이니 엄마도 나이가 많이 들었음이 새삼 느껴지네.
엄마는 어린 너와 두 동생을 키울 때 세월이 흐르는지가 느껴지지 않았어.
매일 직장과 육아 등 반복되는 일상 속에서 너희들이 자라는 것도
느끼지 못했단다.
그런데 어느새 자라 초등학교 졸업, 중학교 졸업, 고등학교 졸업,
대학 입학, 그리고 군대까지! 세월이 정말 빠르구나.
시간이 지나며 너희들이 육체적, 정신적으로 많이
성장하였다는 것을 느끼고 있단다.
너희들의 몸도 많이 자랐지만 대화해 보면 '우리 아이들이 이런 말도

하는구나'라는 생각을 할 때가 여러 번 있었단다.
너희들이 아기일 때는 엄마, 아빠가 사랑을 베풀고 키워야 하는 것으로
알지만 사실은 너희를 키우며 우리가 사랑을 더 많이 받았단다.
이 세상에서 누가 우리에게 엄마, 아빠라고 불러 주겠니?
너희들에게 우리가 엄마, 아빠로 불리는 존재여서 감사해.
어느 책에서 보았는데 자녀들은 유치원 때까지
부모에게 할 효도는 다 했다고 하더구나. 맞는 말 같아.
너희를 키우며 엄마, 아빠는 이때까지 세상에서 경험하지 못한
큰 기쁨을 느꼈거든.
한 아기를 품고 키우는 동안 기쁜 일도 있고 마음이 아플 때도 있지만
무한한 사랑으로 감쌀 수 있는 헌신의 깊이를 알게 되어 기쁘단다.
너희들을 키우며 '자녀를 이렇게까지 깊게, 넓게 사랑할 수 있구나'라는
생각을 하였단다.
부모는 그런 깊고 넓은 마음을 지녀야 하더구나.
깊고 넓은 부모의 마음을 넘어 너희를 끝까지 사랑하실
하나님 아버지의 마음을 알게 되어 감사하게 생각한단다.
그래서 '내리사랑'이란 말이 있는 것 같아.
엄마가 자녀일 때는 전혀 알지 못한 사랑이거든.
만일 부모가 잘못하여 자녀가 부모를 용서하고 사랑한다고 해도
자녀를 위해 목숨조차 아깝지 않게 생각하는 그 사랑에는
미치지 못하는 것 같아.
너도 다음에 결혼해서 자녀가 태어나면 그런 마음이 들 거란다.
그것이 자연스러운 마음인 것 같아.

부모가 되어보니 하나님의 사랑이 더 깊이 다가왔단다.
하나뿐인 아들 예수를 십자가에 달리도록 허락하셨잖아.
죄로 인해 죽은 우리를 구원하시기 위해서 말이야.
그 사랑이 얼마나 큰 사랑인지! 부모가 되니 조금은 깨달은 것 같다.
엄마에게 만일 자녀가 십자가에 달리는 상황이 온다면
그저 바라보고 있는 것이 가능할까?
엄마는 못할 것 같아. 차라리 엄마가 그 벌을 받으면 받았지!
그것이 부모의 사랑인 것 같아.
민성아 엄마, 아빠도 너를 사랑하지만 참부모이신 하나님은
너를 더욱더 사랑한다는 것을 늘 기억하렴.
네가 천국 가는 그날까지 너를 지켜주시고 보호하시고 끝까지
사랑하실 분은 하나님이시니 하나님 안에서 늘 평안하길 기도할게.

민성이는 우리 집의 첫째 아이, 첫아들이잖아?
그래서 아기인 너를 키우며 네가 하는 행동 모두가 신기해 보이고
가슴이 벅찼단다.
네가 처음 한 행동들이 아직도 생생하게 기억난단다.
민성이의 그 조그만 입으로 처음으로 기침 했을 때!
누워만 있던 민성이가 처음으로 스스로 몸을 뒤집었을 때!
흔들 침대에 눕혀 놓았는데 갑자기 흔들 침대 난간을 잡고 일어나 앉은 때!
배밀이를 하며 앞으로 기어가다가 어느 날 갑자기 무릎에 힘을 주고
기어가던 때!
그리고 처음으로 소파 의자를 잡고 일어선 때,

이유식을 떠먹이니 작은 입으로 오물오물 먹는 모습,
처음으로 유아용 변기에 앉은 일...... 등
태어나 성장하며 처음 한 행동들이 기억 속에 생생하구나.
그때는 어찌나 놀랍고 신기하고 사랑스럽던지!
그때 일일이 사진으로 찍어놓지 못해 안타깝구나.
디지털카메라가 나와서 사진을 좀 찍기는 했으나
오늘날 핸드폰으로 찍는 것만큼 많이 찍지는 못하였단다.

네가 아플 때나 힘들 때도 있었단다.
넌 바닥에 누워서 잠잔 적이 거의 없었단다.
거의 대부분 엄마 등에 업혀서 잠을 잤지.
바닥에 눕히기만 하면 울어서 계속 업고 재웠단다.
덕분에 엄마는 밤새우고 출근할 때가 많았지.
또 열이 39도, 40도 가까이 될 때는 밤새 물수건으로
너의 몸을 닦으며 열을 식히고, 비타민이 많은 감잎을 직접 따서 말려서
감잎차를 마시게 하기도 하고 유기농 이유식을 해서 먹이고......

네가 7살이 될 때까지 과자를 거의 먹이지 않았단다.
그러니 그때 함께 근무하던 병원 간호사 언니는 지금도 나를 놀린단다.
'아직도 애들에게 과자 안 주냐?'라고 말이야.
그때는 엄마가 너무 심하게 과자를 주지 않았는 것 같아.
과자가 몸 안에 들어가면 너에게 어떤 피해를 끼칠지 뻔히 보이니
도저히 줄 수가 없었단다.

그런데 지금은 생각한단다.
과자를 먹이지 않아서 음식을 잘 안 먹는 것보다 차라리 과자 등
여러 가지를 먹게 해서 음식을 많이 먹게 하는 것이 나았는지……
네가 우리 집 첫째이고 엄마도 '엄마가 처음'이라
여러 가지로 대응하는 것이 부족했음을 고백한단다.
그래도 지금 여기까지 보호하시고 인도해 주신 하나님의 은혜로
네가 건강하게 잘 자라서 감사하구나.

민성아~
엄마, 아빠에게 너를 키우는 기쁨을 주어서 너무 고마워.
생각해 보면 민성이에게 고마운 일이 많단다.
민성이가 중학교 때로 기억한단다.
학교에서 정확한 명칭은 기억나지 않지만
'바른 말, 고운 말'상을 받아 왔더구나.
그것은 반 아이들이 뽑아 준 상이란다.
엄마는 민성이를 키우며 민성이가 가족이나 타인에게 악한 말,
함부로 말하는 말, 욕하는 말을 하는 것을 들은 적이 한 번도 없단다.
엄마가 네 동생 때문에 속상한 일이 있어서 너에게 말하였더니
네가 동생의 입장을 대변하는 말을 하더라.
그때 엄마가 반성했어. 자녀의 입장에서 생각하지 못했음을 말이야.
너로 인해 엄마의 성품이 좀 더 좋아진 것 같다.^^

부모에게만 그런가 했더니 바깥에서도 그러했더구나.

중학교 친구들이 뽑아준 '바른 말, 고운 말'상뿐만 아니라
중학교 졸업식 때도 '성품'방면으로 기억하는데
교단 앞에 나가 상 받은 것이 생각난단다.
또 고등학교 때는 반에서 맡은 역할 중에 '중재자' 역할을 하였지.
우리 민성이는 남을 배려하는 훌륭한 성품을 갖추었구나.
민성이의 성품은 하나님이 주셨다고 생각된단다.
민성이는 좋은 성품을 타고났기에 분명 훌륭한 리더가 될 거야.
리더는 얼마나 많은 사람이 자신을 따르느냐가 아니라,
얼마나 많은 사람을 섬기느냐에 따라 좋은 리더가 된단다.
민성이는 최소한 말로는 상대방을 힘들게 하지 않고 세워줄 것을 믿으니
리더가 되는 기본을 갖춘 것 같아.

민성이가 자신을 의지하지 않고
하나님의 주권을 의지하고
하나님의 섭리와 지혜 속에서 살아가는
진정 강하고 겸손한 자 되기를 기도할게~~

오늘 낮에는 산책을 하면서 따뜻해진 날씨를 느끼며 감사했단다.
네가 군대 갈 때는 추웠는데 이제 약 한 달이 지나 따뜻한 봄이 되었네.
네가 있는 곳도 좀 더 따뜻해졌으리라 생각된다.
매일, 매달, 매년 신실하게 우리에게 새날을 주시는 하나님께서
새싹이 돋아나는 모습이 보이는 따뜻한 봄도 느끼게 해 주심에
감사드렸단다.

오늘 호흡하게 허락해 주시고 두 다리로 걷게 해 주시고
하루를 살아갈 건강한 몸을 주셔서 비전을 향해
한걸음 내딛을 수 있음에 늘 감사한 마음이란다.
이 모든 것을 주시고 특히 엄마, 아빠에게 성품이 좋은 훌륭한 자녀로
너를 태어나게 해 주심에 매일 감사드린단다.

민성아.
그곳에서 어느 때보다도 생각을 많이 할 수 있을 것 같아.

군대라는 갇힌 공간에서
너 자신이 누구인지,
어디에서 어디로 가고 있는지,
너를 향한 하나님의 계획이 무엇인지,
충분히 생각하길 기도할게.

너를 통해 이루실 하나님의 뜻이 기대되네~
민성아~ 건강하게 잘 지내라~

02
"성령의 아홉 가지 열매 – 하나. 사랑"

민성아~
잘 지내니?
성령의 아홉 가지 열매를 기억하고 있지?
주일학교에서 외우고 시험도 쳐서 잘 알고 있을 거야.
성령의 아홉 가지 열매는 갈라디아서 5장 22~23절에 나오는 말씀으로
사랑과 희락과 화평과 오래 참음과 자비와 양선과 충성과 온유와
절제라고 되어있어.
성령의 아홉 가지 열매는 예수그리스도의 성품이고
우리가 천국 가는 그날까지 닮아가야 할 성품이지.
이 성품들만 제대로 네 몸에 장착하고 있으면 스스로도 늘
평온할 수 있고 어떠한 사람과도 어려움 없이 잘 지낼 수 있을 것 같아.
너에게 편지 쓰는 이 기회에 엄마도 하나씩
자세히 알아보게 되어 감사하네.
오늘부터 성령의 아홉 가지 열매를 매일 한 가지씩 써 보도록 할게.

며칠 전 경칩이 지났구나.
'경칩'은 겨우내 얼었던 땅이 녹고 겨울잠을 자던 동물들이 깨는 절기를
경칩이라고 한단다.
경칩은 '놀랠 경' 자와 '벌레 칩' 자로서 이 무렵에 첫 천둥이 쳐서 벌
레들이 놀라 땅에서 나온다고 생각해서 경칩이라고 한데.

모든 것을 녹여 겨울잠을 자던 생명도 깨어나 살아가도록 해주는
'경칩'의 절기처럼 얼어있는 사람의 마음도 녹이는 것이 있단다.

사람의 마음은 서로 이해하지 못해서, 실수해서, 잘못해서
사랑하지 못하고 얼어 있을 때가 있지.
엄마도 그러한 시절을 보낸 적도 있단다.
우리를 오래도록 참고 기다리신 하나님을 생각하면
용서하지 못할 사람이 없을 텐데……
우리를 인내하시고 오랫동안 참으신 하나님의 사랑을 자주 잊어버리지.
사람의 마음이 얼어있을 때 가장 특효약은 무엇일까?
그것은 '사랑'이란다.
사랑은 모든 것을 녹인단다.

어릴 때 읽은 동화책이 기억나니?
제목은 ≪바람과 해님≫이란다.
어느 날 바람과 해님은 내기를 하였단다.
누가 더 힘이 센지!
저기 들판에 걸어가는 남자의 외투를 벗기면 이기는 게임이었지.
바람이 먼저 불었단다. 아주 세게 불었단다.
그 남자를 향해 돌풍을 일으켜 외투를 벗기려고 안간힘을 썼단다.
그런데 바람이 세게 불수록 그 남자는 외투를 꼭 붙잡고
벗겨지지 않도록 노력하였단다.
바람이 물러나고 해님이 비치었단다.

해님은 따뜻하게, 더욱 따뜻하게 햇살을 내려주었단다.
그러자 그 남자는 너무 더워서 외투를 벗어 들었단다.
결국! 해님의 승리~~~
이 동화는 많은 생각을 하게 하지.

살면서 내 생각이 옳다고 생각하고
내 생각대로 하고 싶은 것들이 있었단다.
엄마는 너희를 키우며 더 많았지!
너희들이 좀 더 공부하기를 바랐고, 좀 더 뛰어나기를,
좀 더 건강하기를, 좀 더 지혜롭기를, 좀 더 활기차기를……
좀 더, 좀 더……..
다 엄마의 욕심이었지.
바람처럼 나의 힘으로 너희들의 행동을 억지로 바꾸도록 애를 썼단다.
물론 사랑이라는 명목하에 말이지.

지금 생각하면 그것은 다 부질없는 행동이었단다.
그저 너희에게 진정한 사랑만 주면 되었을 것을 말이야.
해님처럼 따뜻하게, 따뜻하게 말이야.
강요는 외부만을 강요하나 사랑은 내부까지 움직인단다.
사랑은 어떤 불행도 극복하게 하는 지상 최대의 힘이지.
엄마는 성경에서 '사랑장'이라고 불리는 고린도전서 13장을 좋아한단다.

사랑은 오래 참고

사랑은 온유하며

시기하지 아니하며

사랑은 자랑하지 아니하며

교만하지 아니하며

무례히 행하지 아니하며

자기의 유익을 구하지 아니하며

성내지 아니하며

악한 것을 생각하지 아니하며

불의를 기뻐하지 아니하며

진리와 함께 기뻐하고

모든 것을 참으며

모든 것을 믿으며

모든 것을 바라며

모든 것을 견디느니라

내가 수많은 성과와 업적을 거둔다 할지라도 사랑이 없으면

소리 나는 구리와 울리는 꽹과리가 되고

산을 움직일 만한 믿음이 있더라도 사랑이 없으면 아무것도 아니지.

내게 있는 모든 것으로 구제하고 또 내 몸을 불사르게 내줄지라도

사랑이 없으면 내게 아무 유익이 없다고 하신 말씀은 백번 옳단다.

엄마도 처음에 회심하고 하나님을 향한 열정이 불타올랐을 때

당장 아프리카 오지에 선교를 나가고 싶어서 안달이었단다.

그러나 현실은 어린 자녀가 세 명 있고 너희 아빠와 할머니도 계셨지.

엄마가 섬겨야 할 분들이지.
엄마가 아무리 내 몸을 불사르게 내주려는 마음으로
선교와 구제를 한다 하더라도 가장 가까운 이웃인 가족을
사랑하고 돌보지 않는다면 나의 사랑은 아무것도 아니고
아무런 유익이 없단다.
비록 겉으로 표현은 하지 않았지만 선교를 갈 수 없는 상황을
마음속으로 원망도 하고 불평도 하였단다.
선교를 직접 가지 않고도 사랑을 전할 수 있는
진정한 사랑을 깨닫기에는 많은 시간이 필요했단다.
그동안 기다려줘서 고맙구나.

민성아
하나님은 사랑이시란다.
하나님은 엄마가 너를 사랑하는 것보다 더 많이,
셀 수 없는 값으로 너를 사랑하신단다.
그러기에 너를 위해 하나님의 하나뿐인 아들을
십자가에 달려 죽게 하셨단다.
하나님이 '죽기까지' 너와 우리를 사랑하셨기에
우리는 이 땅에서 영원한 생명으로 살아가고 있지.
삶이 때론 감당하기 힘든 고통으로 다가올 때도 있단다.
그 고통의 터널을 지날 때는 시야가 좁아져서 내가 어디에 서 있는지,
왜 사는지, 어디로 가고 있는지를 모르고
인내하며 견디어야 할 때도 있단다.

그러나 민성아.
먹구름이 끼여 온통 하늘이 까맣고 금방이라도 비가 쏟아질 듯하여도
그 구름 위에 햇살이 비친다는 것을 기억하렴.
하나님의 사랑은 이런 것이란다.
하나님은 우리에게 축복의 길을 약속하셨고 변함없이
우리를 사랑으로 인도하신단다.
우리가 할 일은 딱 한 가지가 있지.
그것은 말씀에 순종하는 것이란다.
우리가 순종할 때 우리를 위해 예비하신 축복이 이루어진단다.

민성아
성령의 첫 열매는 사랑이란다.
알고 있듯이 성경을 한 문장으로 말하면 "하나님 사랑과 이웃사랑"이란다.
하나님이 나를 사랑하시고 내가 말씀에 순종하며 하나님을 사랑하면
이웃을 사랑하게 되어있단다.
몸과 마음을 다하여 하나님을 사랑하고 이웃을 사랑하는 것이
사랑의 열매를 맺는 방법이지.
바람과 해님에서 보았듯이 사랑은 외부의 힘이나 폭력보다 강하단다.
겉으로 보기엔 폭력이 세어 보여도 사랑 앞에선 무너지지.
우리 민성이도 하나님이 주신 사랑이 네 안에서 솟아나고
그 힘으로 세상을 사랑하며 살아가길 기도할게.
성령의 첫 열매인 가장 중요한 '사랑'을 너에게 쓸 수 있게 되어
감사하구나.^^

03
"성령의 아홉 가지 열매 - 둘. 기쁨(희락)"

민성아~
오늘은 두 번째 열매인 희락에 대해 적어 볼게. 희락은 기쁨을 뜻하지.
기쁜 일을 경험하는 것도 감사한데 하나님이 주시는 기쁨은
어떠한 상황 속에 있더라도 마음속 깊은 곳에서
샘솟듯이 솟아나는 근원적인 기쁨이란다.

우리는 공기의 소중함을 잊고 살 때가 많단다.
물에 빠졌을 때, 호흡을 할 수 없을 때 비로소 공기의 소중함을 알게 되지.
기쁨도 마찬가지란다.
매일 살아가는 일상이 얼마나 소중하고
감사하고 기쁜 일인지 잊고 살 때가 많지.
이 말은 들어보았을 거야.
'오늘'은 '어제' 죽어간 사람들이 그토록 살고 싶어 하던 날이라고.
내 주변의 모든 환경에 날마다 기쁨으로 감사할 수 있다면
얼마나 좋을까……
평소에는 우리에게 주어진 것에 감사와 기쁨을 모르다가
슬픔을 당하면 비로소 일상의 삶이 얼마나 감사하고 기쁜 일인지
알게 된단다.
우리에게 미소를 주신 이유도 기쁨을 누리고 표현하라고 있는 것이지.
우리가 미소 지으면 바라보는 이도 함께 기분이 좋아지지.

기쁨은 전염되는 것 같아.
서로에게 선한 영향력을 주지.
진정한 기쁨 없이 사랑할 수 있을까?
기쁨 없는 사랑은 죽은 사랑이야.
기쁨 없이 어떻게 남을 도울 수 있는가?
기쁨 없이 돕는 것은 의무감이거나 자신의 '의'를 드러낼 뿐이란다.
기쁨으로 이웃을 도우면 마음속 깊이 기쁨과 은혜가 넘친단다.
그래서 이웃을 도우면 돕는 자신이 더 기쁜 것이란다.

행복한 감정이 올라올 때 짓는 '미소(웃음)'에 대한 연구를 소개할게.
2019년 미국 스탠퍼드대에서 그동안 발표된 '웃음에 대한 연구'를
바탕으로 '웃음의 효과'를 분석하였단다.
연구를 진행한 콜스 박사는 웃을 때의 표정은 감정에
긍정적 영향을 미친다고 확인했단다.
연구진은 19개국 3878명을 대상으로 웃음 근육을 활성화하기 위해
세 그룹으로 나누어 실험하였단다.

첫째 그룹엔 펜을 입에 물고 있고,
둘째 그룹엔 웃는 배우의 사진을 보고 웃는 표정을 흉내 내도록 하고,
셋째 그룹엔 미소 지을 때처럼 입꼬리를 귀쪽으로 당기고
얼굴 근육을 웃는 표정을 짓도록 요청했단다.
실제로 웃는 표정을 지은 두 번째, 세 번째 그룹 참가자들의 행복감이
훨씬 높아졌다고 해.

그런데 첫째 그룹은 행복한 감정이 증가하지 않았다고 해.
펜을 입에 물고 있을 때는 웃을 때 사용하지 않는 근육들이
사용되어서일 것 같다고 해.
콜스 박사 연구팀은 웃는 표정이 좋은 감정을 생성하는데
큰 영향을 미친다는 것을 알게 되었지.
매일 좋은 감정을 지니면 건강에도 도움이 돼.
긍정적으로 생각하고 좋은 감정을 생성하면 행복감이 높아지고
가족, 이웃, 공동체에도 기쁨이 전달된단다.
이렇게 얼굴에 웃는 표정을 짓는 것만으로도 좋은 감정을 일으키고
행복감을 누리게 되니 마음속 깊이 샘솟는 근원적인 기쁨을
날마다 누린다면 얼마나 좋을까?

같은 사건을 당하고도 절망에 빠져 있는 사람들이 있고
해결할 수 있다고 생각하는 사람들도 있지.
어느 것을 선택할지는 우리 자신에게 달려 있단다.
날마다 삶에서 기쁨과 감사를 선택할 수 있는 것은 우리의 특권인 것 같아.
브로니 웨어라는 호스피스 간호사는 남은 생의 시간이
12주 이하인 시한부 환자들을 돌본 경험으로
≪죽기 전에 가장 많이 하는 후회 5가지≫라는 책을 썼단다.
그 책에서 죽기 전에 가장 많이 하는 후회는

첫째, 왜 행복하려고 하지 않았을까.
둘째, 친구들과 연락하고 살 걸.

셋째, 왜 내 감정에 솔직하지 못했나.
넷째, 그렇게까지 열심히 일할 필요가 없었다.
다섯째, 왜 내 인생이 아닌 타인의 기대에만 충실했나.

였다고 해.

많은 사람들이 생의 마지막 순간에 와서
'왜 행복하려고 하지 않았을까'라고 생각하며
'행복은 선택이었다'는 것을 깨닫는다고 해.
이웃과 주변 사람들과 행복한 삶을 위해 좀 더 노력하고 그들에게
진정한 기쁨의 삶을 나누어 주었다면 죽기 전에 덜 후회할 것 같아.
같은 상황에서도 기쁨을 선택한다면 날마다 기쁨의 삶을 살 수 있지.
같은 사건을 보고도 어떤 이는 불평, 불만을 하고
어떤 이는 담담히 받아들이고 해결할 방법을 찾는단다.
해결할 방법을 먼저 생각하면 불평 불만할 시간도 없지.
불평을 선택할지, 해결할 방법을 선택할지, 기쁨을 선택할지는
전적으로 자기 자신에게 달려있어.

엄마는 어떤가? 너도 알다시피 엄마는 많이 긍정적이지.
예전엔 슬플 때도 많았는데 하나님 말씀을 알면 알수록
모든 것이 하나님의 섭리임을 깨달으니 엄마가 할 일은 기쁨,
감사밖에 없는 것 같아.
때론 심하게 긍정적이어서 자중해야겠다는 생각도 한단다.

엄마는 어떠한 상황이 오더라도 기쁜 쪽, 감사한 쪽을 선택하는 것 같아.
엄마에게 기쁨과 감사, 긍정의 성품을 주신 하나님께 감사해.

죽음을 앞둔 사람에게 가장 후회하는 것은
'사랑'에 관한 것과 '관계'에 관한 것이라고 해.
엄마가 생각해도 죽기 직전에 '얼마나 많이 벌었나',
'저 사람에게 받은 대로 갚아야했어', '좀 더 높은 직책을 맡아야 했어.'
라는 후회는 하지 않을 것 같아.
죽기 전에 '충분한 사랑을 주었는가'와 '누구와 좋은 관계인가',
'내가 용서할 것은 무엇인가'를 생각할 것 같아.
삶의 마지막에 남는 것은 결국 '사랑'과 '사람'이지.
내가 날마다 삶에서 기쁨과 감사를 선택하고 그 기쁨과 감사를
사랑하는 이웃과 공동체에 흘려보낸다면 그들과 함께
기쁘고 감사한 삶을 살면 죽기 전에 후회가 없을 것 같아.

셰익스피어는 '그대의 마음을 웃음과 기쁨으로 감싸라.
그러면 천 가지 해로움을 막아주고 생명을 연장시켜 줄 것이다.'
라고 말했단다.
기쁨과 웃음이 우리의 마음과 영혼을 기쁘게 하니 건강에 큰 도움이 되지.
기뻐하고 감사한 마음이 장수의 비결이라고 하는 데
일상에서 항상 기뻐하고 감사하며 사는 것이 정말 중요한 것 같아.
특히 감사하는 마음은 신체 조직의 산소 수치도 높이고
치유력을 배가하고 면역력을 강화한다고 해.

하나님의 백성인 우리는 세상이 모르는 영원한 기쁨을
지니고 살아가는 사람들이지.
세상 사람들이 보기에는 고통스럽고 힘든 일인데
성도들은 힘든 일속에도 하나님의 뜻하심을 기대하고
기뻐하고 감사할 수 있지.
하나님께서 주시는 영원한 기쁨이 얼마나 감사한지!

엄마는 이 말씀을 좋아한단다.
'이 또한 지나가리라'
어느 왕이 세공사에게 아름다운 반지를 만들 것을 명했단다.
왕이 그 반지에 승리를 거두거나 기쁨을 억제치 못할 때는
자만하지 않도록 하고 절망이나 슬픔에 잠겼을 때는
용기를 줄 수 있는 글귀를 새겨 넣도록 명령했단다.
그 세공사는 '이 또한 지나가리라'라는 말을 새겨 넣었다고 해.
우리의 삶에도 기쁨이 넘칠 때도 있고 큰 절망에 빠질 때도 있지.
그러나 기쁨의 일도 절망의 일도 세월이 흐르면 지나감을 항상 기억하고
현실을 담담히 받아들이고 세상이 줄 수 없는
하나님이 주시는 충만한 기쁨 속에 거한다면
늘 기쁨의 삶을 살 수 있을 것 같아.

우리 민성이가 살아가는 미래의 삶에는 기쁨도, 슬픔도, 행복도,
절망도, 아픔도, 두려움도 있을 거야.
그때마다 바로 앞의 일로 감정이 매몰되지 말고

늘 평온한 마음을 유지하기를 기도할게.
기쁜 일이 있어도 자만하지 않고 슬픈 일이 있어도
용기를 가지고 그다음의 새로운 복을 기대하며
진정으로 기뻐할 수 있는 사람이 되기를 기도할게.
무엇보다 하나님 말씀 안에 거하고 말씀을 아는 지식이
날마다 더하며 지혜가 자라면 삶에 늘 기쁨이 넘칠 거야.

04
"성령의 아홉 가지 열매 - 셋. 화평"
(화평케하는 사람의 10가지 특징)

오늘은 '화평'에 대한 이야기를 해볼게.
모든 사람과 평화로운 관계를 유지하기는 힘이 들 수도 있어.
사람의 생각은 다 다르기에 같은 상황을 놓고
상대방과 나의 생각 중 다른 부분이 있을 수 있단다.
다른 것은 틀린 것이 아닌데 자신의 주장만 옳다고 하면
더이상 대화 나누기 싫어지지.

미국의 백만장자의 특징 10위 안에
'주변 사람들과의 관계가 좋다'는 것이 있단다.
주변 사람들과 평화로운 관계를 유지하는 것은 삶에서 매우 중요하지.
직장에서 제일 중요한 것은 일과 사람들과의 관계란다.
어쩌면 일보다는 관계가 우선일 수도 있지.
직장에 다녀보면 입사 초기에는 내가 해야 할 업무를
차질 없이 해내는데 힘이 들 수도 있어.
하지만 직장의 일은 하고자 노력만 하면 사람마다 차이는 있지만
시간이 지나면 자연스레 익숙해지고 숙달된단다.
그런데 관계적으로 직장의 상사나 동료와 사이가 나빠지면
그만두고 싶어지지.
직장을 그만두는 이유는 여러 가지가 있겠지만
관계 때문에 그만두는 경우도 있단다.

엄마는 임상병리사로서 진단 검사의학과에서
환자의 혈액, 조직, 폐, 심전도 등 여러 검사를 하였어.
엄마가 직장을 옮긴 경우는 병리과 일을 좀 더 많이 배울 수 있는
큰 병원으로 옮겨 간 경우와 막내인 민효가 태어나니
육아를 위해 그만둔 경우가 있어.
그런데 엄마가 근무하던 어떤 병원에서는
병원장님 외의 모든 사람에게 폭언을 하는 분이 계셨단다.
그분의 언어는 보통 사람의 것과는 다른 것 같았단다.
그분 때문에 직장을 다니는 것은 아니지만 일을 지속하려면
매일 나의 영혼과 마음의 평정심을 찾으려고 엄청난 노력을 해야 했어.
그분으로 인해 그만두고 싶다는 생각을 나를 포함하여
여러 동료가 했단다.

관계는 '너'라는 존재가 있기 때문에 있어.
이 세상을 나 혼자 살아간다면 관계란 말은 없겠지.
이 세상은 혼자 살아갈 수 없단다.
직접적, 간접적으로 서로 도움을 주기도 하고 받기도 하며 살아가지.
관계를 좋게 하는 것은 두 가지가 있어.
잘하는 자에게는 '칭찬'하고 실패하는 자에게 '격려'하는 것이야.
이 두 가지는 엄마의 경험상 관계를 유지하기에 좋은 방법이었어.
잘하는 자를 시기하고 실패하는 자에게 비난을 한다면
함께 일상을 나누고 공유하기가 힘들고 좋은 관계를 유지하기 힘들겠지.
'잘하는 자에게 칭찬하고 실패하는 자에게 격려하는 것'은

굳이 관계를 좋게 하려고 일부러 하는 것이 아니라
마음 자세의 기본인 것 같아.
우리는 서로 도움을 주고받으며 더불어 살아가는 사회적 존재란다.
사회적 존재로서 함께 살아가는 사람들을 바라보는 시각은
나를 사랑하듯 타인도 사랑하는 마음이어야 해.
살아가며 서로에게 힘을 주고 상대방이 잘 살아가도록 돕는 것이
올바른 삶이라 생각돼.

칭찬과 격려는 사랑하는 마음이 바탕이 되어야 진실하게 전달되지.
사랑 안에서 칭찬과 격려를 하며 화평을 유지한다면
더없이 좋은 관계를 만들 수가 있지.
칭찬과 격려는 화평을 유지하기도 하지만
사람을 성장하게 하는 방법이기도 하단다.
지적과 비난으로는 성장보다는 상처가 남게 되지.
그러면 권유의 말도 비난으로 들리게 되지.
그런데 칭찬할 때 조심해야 할 것은 평가가 아닌
진정 감사한 마음으로 해야 한단다.
칭찬이 능력 있는 사람이 능력 없는 자에게
내리는 평가가 되면 안 된단다.
네가 어떤 공동체에 소속되어 있거나 리더라면
칭찬하고 격려할 때 진정 감사하는 마음으로 하길 바란다.

모든 사람과 화평하려면 여러 마음들이 필요한 것 같아.

상대방을 수용하는 마음,
상대방을 배려하는 마음,
나의 생각이 옳다고 여기더라도 상대에게 여유를 줄 수 있는 마음,
공동체에 유익을 줄 수 있는 마음,
불편을 주지 않으려는 마음,
상대방을 살리는 언행을 하려는 마음.

등의 마음이 있다면 사람들과 화평할 수 있지.

인간관계에서 다툼이 일어나는 가장 많은 사례는
'내가 옳고 당신이 틀렸다'라는 감정 때문이란다.
아무리 자신이 옳다고 해도 그것을 이유로 상대방을 비난하면
화평하기는 힘들지.
'나는 옳다'는 '상대방은 틀렸다'라는 생각으로 이어진단다.
이것은 화평과 조화를 이루는데 가장 큰 걸림돌이란다.
이럴 때는 비난이 아니라 먼저 상대방의 이야기를 충분히 들어주고
나의 입장을 지혜롭게 말할 수 있도록 노력해야 한단다.
엄마도 이것은 정말 힘들단다.
그래서 노력과 훈련이 필요한 것 같아.

성경에서 마태복음 5장 9절에
'화평하게 하는 자는 복이 있나니 그들이 하나님의 아들이라
일컬음을 받을 것임이요'라고 말씀하였단다.

자신과 이웃, 공동체, 국가를 화평하게 하는 자는 사람들 사이의
조화를 위해 갈등을 조정하고 좋은 관계를 촉진하기 위해
적극적으로 노력하는 사람이란다.

엄마가 생각하는 화평케 하는 사람들의 10가지 특징을 한번 적어 볼게.

1. 겸손한 사람입니다.
겸손한 사람은 자신을 자랑하지 않고 타인의 공헌을 높이 인정합니다.
또한 자신의 성공도 타인의 도움이 컸다며 감사해 합니다.
겸손한 사람은 자신이 틀렸다는 것을 인정하는 것을
두려워하지 않습니다.
늘 열린 마음을 가지고 모르는 것이 있을 때는 배우는데 적극적입니다.
화평케 하는 사람은 자신의 결점과 약점을 인식하고
다른 사람들의 관점을 이해하려고 노력하는 겸손한 사람입니다.

2. 공감하는 사람입니다.
갈등을 겪고 있는 사람에게도 친절하게 대하고 공감하고
이해하려 노력합니다.
이웃의 고민을 적극적으로 경청합니다.
이웃의 다양한 관점에 열린 마음으로 다가가고 그들이 필요할 때
기꺼이 도움을 제공합니다.
이웃에게 먼저 다가가고 여러 문제에 능동적으로 대처하고
이웃을 존중합니다.

3. 지혜로운 사람입니다.

지혜로운 사람은 복잡한 상황을 지혜롭게 헤쳐나가고
갈등 속에서 화해를 위해 해결책을 찾으려 노력합니다.
지혜로운 사람은 자신이 가진 지식에 삶의 경험을 풍부하게 녹여
좀 더 올바르고 건전한 판단을 내립니다.
또한 타인의 삶에 관심을 가지고 도움을 주려 노력합니다.
지혜로운 사람은 말과 행동에 일관성이 있어 신뢰할 수 있으니
사람들이 지혜의 사람을 존경하며 따릅니다.

4. 인내심이 있습니다.

인내하는 사람은 불편하거나 지연되는 것에 인내하고
관용의 마음을 가집니다.
스트레스가 많은 상황에서도 침착하여 충동적인 반응을 하지 않습니다.
어려움과 좌절 속에서도 기꺼이 인내합니다.
인내하는 사람은 자기통제를 잘하여 감정을 자제하고
유연하고 긍정적인 태도를 가집니다.

5. 의사소통을 잘합니다.

상대방의 말을 주의 깊게 듣고 자신의 명확한 생각을
배려하며 표현합니다.
그러면 불필요한 오해를 피하고 갈등을 줄일 수 있습니다.
상대방의 말에 때론 동의되지 않더라도 존중하고 공손하게 대합니다.
열린 마음을 가지고 상대방의 의견을 수용하며 대화를 이어갑니다.

6. 긍정적인 사람들과 가까이합니다.
사람은 함께하는 사람들의 영향을 많이 받습니다.
긍정적인 사람들과 함께 있으면 긍정적인 감정을 지니게 됩니다.
서로 선한 영향을 주고받아 서로 성장합니다.
부정적인 사람들보다 더 편안하고 스트레스를 덜 받아
좀 더 화평한 관계를 유지할 수 있습니다.

7. 용기가 있습니다.
자신을 반대하거나 적대감을 가진이에게도 옳은 면이 있다면
지지하는 용기를 가집니다.
그러면 점점 더 좋은 관계를 유지할 수 있습니다.
용기 있는 사람은 역경을 극복하고 좌절을 성장의 기회로 삼기에
회복탄력성도 높습니다.
용기 있는 사람은 자신이 옳고 정의롭다고 생각하는 일을 합니다.
또한 타인에게 기여하는 삶을 살기에 더 화평할 수 있습니다.

8. 용서하는 사람입니다.
화평케 하는 사람은 상처를 준 자에 대한 분노와 원망을 버리고
그가 저지른 잘못을 용서합니다.
용서하면 자신도 그 생각으로부터 해방되고 내면의 평화가 옵니다.
해를 끼친 사람에게 용서와 함께 격려합니다.

9. 묵상, 기도하는 시간을 가집니다.

평화를 유지하려는 노력의 바탕은
하나님께서 인도하여 주신다는 믿음을 갖고 기도하는 것입니다.
마음의 휴식을 취하며 자신의 길을 매일 돌아보며
올바른 태도를 생각합니다.
그러면 좀 더 지혜롭고 현명한 마음으로
상대방과 관계를 지속할 수 있습니다.

10. 시간과 노력을 들입니다.
화평케 하는 이는 내면의 평화를 유지하고
타인과의 긍정적인 관계를 만들기 위해 노력합니다.
어렵거나 불편한 시기를 맞이할 때도 직면하여 하나씩
해결하려 노력하니 신뢰를 주고 더욱 화평한 관계를 만들어 갑니다.

엄마도 지난 세월 중에 다툼의 상황에 있을 때도 있었단다.
그때는 정말 피하고 싶고 힘든 마음에 절망할 때도 있었단다.
그런 힘든 훈련이 있었기에 화평의 중요성이 더 크게 다가온단다.
엄마는 천국 가는 그날까지 주변 이웃과 화평의 관계를 유지하며
살기를 바란단다.
때론 불가피하게 다툼의 현장을 맞이하더라도
좀 더 지혜롭게 해결하기 위해 노력하기를 다짐한단다.
민성아.
너를 보면 주변을 화평케하는 사람이라는 생각이 떠오르는구나.
너는 부모, 동생들, 친구들에게 늘 배려하고

상대방의 의견을 존중해 주더구나.
때론 너의 주장은 없는가 싶을 정도로 말이야.
사람은 말이 온전하면 최고라고 하였는데
민성이에게는 그릇된 말을 들어본 적이 없는 것 같구나.
엄마는 믿는단다.
민성이가 사회에서, 공동체에서 화평케 하는 자가 되리라는 것을 말이야.
우리 민성이 성품을 하나님께서 주셨다고 생각되는구나.
앞으로도 이 성품을 잘 갈고 닦아서
세상에 평화를 주는 사람이 되기를 기도할게~~~

05
"성령의 아홉 가지 열매 – 넷. 오래 참음(인내)"

민성아~ 4월이네.
지난주 화려했던 벚꽃이 이제는 다 떨어졌다.
그리고 초록 잎들이 앞다투어 마른 가지를 뚫고 나오고 있네.
이것을 보니 T.S. 엘리엇의 ≪황무지≫라는 시가 생각나네.

4월은 가장 잔인한 달
죽은 땅에서 라일락을 키워내고
추억과 욕정을 뒤섞고
봄비로 잠든 뿌리를 깨운다
겨울이 오히려 따뜻했다
……

엘리엇은 마른 나뭇가지에서 꽃들이 나오는 수고를
잔인하다고 표현했지.
1차 세계대전 후 비관적인 인간의 정신적 메마름을 대변했다고도 해.
죽음을 통해 소생하는 부활을 생각나게도 하네.
봄이 되면 마른 나뭇가지를 뚫고 솟아나는 새싹이 잔인하게 느껴질 만큼
겨울의 자연은 도저히 생명이 있을 것 같지 않지.

빈 산, 빈 들에서 온통 새싹이 올라오는

기적이 일어나고 있는 신비로운 4월!
자연은 때가 되면 태어나고 사라지지.
우리 사람도 그렇지.
태어날 때가 있고 천국 가는 날도 반드시 오지.
우리가 이 세상의 삶에 끝이 있다는 것을 알면
타인의 행동에 그리 화낼 필요도 없을 텐데……

성경에서 오래 참음은 두 가지 의미가 있다고 해.
하나는 무거운 짐을 버틴다는 의미의 '고난을 오래 참는다'라는 것이고
다른 하나는 '화를 오래 참는다'라는 것이라고 해.
인생에 예기치 않는 고난이 온다면 인내하고 기다리는 수밖에
달리 방법이 없을 때도 있단다.
그 당시는 고난의 수렁을 지나고 있으니 너무 괴로워 현실에서 벗어나
회피하고 싶을 때도 있단다.
그러나 모든 만물을 운행하시는 하나님께서 시간이 지나면
다 회복시켜주시고 더 좋은 방향으로 열어주심을 믿는단다.
이때 인내가 필요한 것 같아.
인내하지 않으면 좋은 교훈을 얻지 못하고 타인에게도,
스스로에게도 안타까운 일이 일어나기도 하지.

세네카의 ≪화에 대하여≫를 읽어보니
화는 낼 필요가 없는 것이라고 적혀 있었단다.
그 책에서 화를 내는 원인을 아래와 같이 적었단다.

나는 잘못한 게 없어
나는 죄가 없어
나는 아무 짓도 안했어
우리 자신의 무지와 오만함.
타인과 비교하여 생긴 시기와 질투.
화는 우리가 제 발로 그것을 찾아가는 경우가 더 많다.
라고 되어 있어.

세네카는 화를 내어 승리하는 것은 결국 지는 것이라고 하며
화가 당신을 버리는 것보다 당신이 먼저 화를 버리라고 하였단다.

마태복음 7장 1절 말씀에 '어찌하여 형제의 눈 속에 있는 티는 보고
네 눈 속에 있는 들보는 깨닫지 못하느냐'라고 한 것처럼
화내는 자는 자신의 큰 죄는 작게 보고
타인의 작은 죄를 크게 들추어 낸단다.

나 자신도 이런 잘못으로부터 자유롭다고 할 수 있을까?
분명 나도 이런 실수한 때가 있단다.
어떤 사람의 실수나 잘못된 행동을 비난하는 것이
나한테 도움이 될까?
나 자신도 알게 모르게 실수를 하면서 말이다.
다음은 세네카가 말한 화를 재치 있게 넘어간
현명한 사람들의 예를 들어볼게.

1. 소크라테스
　　주먹으로 머리를 한 대 얻어맞았을 때
　　　→ 대답 : 사람이 언제 투구를 쓰고 집을 나서야 할지 알 수가 없으니
　　　　　참 딱한 노릇이군.

2. 안티고노스 모노프탈모스 왕
 1) 병사들이 휘장을 사이에 두고 자신(왕)을 험담을 하고 있을 때
　　휘장을 걷고
　　　→ 조금 더 멀리 가서 얘기를 하지,
　　　　왕이 자네들 얘기를 듣지 못하게.
 2) 전쟁 중 진창 속에 끌어들인 왕에게 온갖 저주의 말을 퍼부을 때
　　　→ 신분을 드러내지 않고 조용히 가서
　　　　진창에서 빠져나올 수 있도록 도와준 후 말하였다.
　　　　'이렇게 비참하게 만든 안티고노스에게는 욕을 해도 좋다.
　　　　하지만 자네들을 진창에서 구해준 사람에게는
　　　　행운을 빌어 주게나.'라고

3. 플라톤
　　노예에게 화났을 때 때리려 치켜든 손을 그대로 들고
　　화를 낸 자신을 벌하였다.

　　화난 감정이 있지만 재치 있게,
　　현명하게 넘기는 현인들을 보고 배울 수 있으니 감사하네.

아들러는 사람이 된다는 것은 자신이 열등하다고 느끼는 것이라고 해.
사람은 누구나 어떤 측면에서 열등감이 있지.
그 열등감이 있기에 좀 더 나은 방향으로 나아가기 위해
노력하게 된단다.
엄마도 글 쓰는 부분, 사업하는 부분,
언어적인 부분(엄마는 영어를 잘 못하지),
악기를 다루는 부분('피아노로 찬송가 연주하기'가
엄마의 버킷리스트에 있단다)에서 열등하니 잘하려고 노력하고 있지.

상대방의 열등한 부분, 즉 약한 부분이 있어서 일어난
잘못된 일이 있다면 인내하고 기다려 줄 수 있어야 한단다.
그리고 그 사람이 그것을 극복하도록 용기를 주도록 해야해.
아들러는 '사람은 열등한 것이 있다면 용기를 가지고 극복해 나가며
진정한 사람이 된다'고 해.
그런데 자신이 가진 열등감을 인정하지 않거나 감추려 한다면
그것을 극복하거나 고칠 기회를 잃게 되지.
감추려 하는 것은 '있는 그대로의 나'가 아닌
'다른 나'가 되려고 하는 것이지.
불완전할 용기' 즉 '있는 그대로의 나'를 받아들이고
상대방도 받아들이면 미워하거나 화를 낼 필요가 없지.
민성이가 다음에 리더의 자리에 있다면
타인의 잘못을 발견했을 때 '화'가 아니라
'사랑과 온유'의 마음으로 현명하게 대처하길 기도할게.

타인의 잘못을 발견하거나 화가 날 때 가장 좋은 방법은

격려하고,
격려하고,
격려하라.

라고 생각해.

잘못을 지적하는 것으로 사람이 바뀌지는 않지.
상대방이 잘못한 것이 있다면 그 잘못한 사람 스스로도 위축되어 있단다.
그런 그에게 비난하지 말고 격려하면 자신감과 책임감을 갖고
더 잘하려고 노력한단다.
민성이가 스스로에게도, 타인에게도 격려하는 사람이 되길 기도할게.
격려는 사람들의 마음을 살린단다.
특히 학교생활, 사회생활, 교회 신앙생활에서
격려가 필요한 사람은 많이 있단다.
너를 힘들게 하는 사람이 있다면 인내하고 용서해 달라고
하나님께 간구하고 너 자신을 격려해 보렴.
그럼 그 감정에 더 이상 매몰되지 않고 더 나은 방향으로 진행하게 되지.

스티븐 코비는 의사소통할 때,
문제가 있을 때 상대방을 먼저 이해하고
그다음에 이해시키라고 말하였단다.

상대방의 문제를 진단하기 전에
처방부터 하려고 하면 다툼이 생긴단다.
그래서 상대방의 이야기를 경청하며 충분히 듣고 이해하고 나서
그다음 너의 의견을 부드럽게,
그리고 상대방을 격려하며 말하기를 바란다.

다툼이 있을 때 무엇보다 가장 큰 승리는 '용서'란다.
용서는 나와 타인이 둘 다 다치지 않는 가장 훌륭한 방법이지.
예수님이 우리의 죄를 사하기 위하여 십자가를 지심으로
우리의 죄는 용서되었지.
우리의 죄를 인내하시고 죽기까지 용서해 주신
그 선하신 모습을 닮아가는 게 우리의 모습이어야 하지.
내 힘으로 할 수 없지만 하나님께 간구하고 의지하면
할 수 있으리라 믿어.

너희를 박해하는 자를 축복하라 축복하고 저주하지 말라
(로마서 12장 14절)

아무에게도 악을 악으로 갚지 말고 모든 사람 앞에서
선한 일을 도모하라
(로마서 12장 17절)

우리를 박해하는 자가 있다면 저주하지 말고 축복하고 격려하고

더하여 선을 행하면 상대방도 차츰 달라지리라 믿어.

모든 사람 앞에서 선을 도모하면 첫째는 하나님이 아시고
둘째는 사람들도 차차 인정하게 된단다.
우리의 모든 삶을 보고 계시는 하나님 앞에서
인내하고 오래 참고 격려한다면 좋은 열매들이 많이 맺힐 거야.

민성아~ 사랑해~~
우리 함께 인내와 격려의 달인이 되어볼까?

06
"성령의 아홉 가지 열매 - 다섯. 자비"

민성아~
잘 지내고 있니?
오늘은 '자비'에 대해 말해볼게.
사전에 자비는 '남을 깊이 사랑하고 가엾게 여김,
또는 그렇게 여겨서 베푸는 혜택'이라고 되어있어.
은혜와 긍휼과 비슷한 것 같아.

'자비'라는 단어를 떠올리면 톨스토이의
'사람은 무엇으로 사는가'가 생각이 난단다.
하늘에서 맨몸으로 땅에 떨어진 천사를 어느 가난한 집의 주인이
지나가다가 발견하고 집에 데리고 와서 보살펴 주었단다.
천사는 그 집에서 생활하면서 하나님이 세상에서 발견하라고 하신
진리 세 가지를 발견하게 된단다.
즉 '사람의 마음속에는 무엇이 있는지',
'사람에게 주어지지 않은 것은 무엇인지',
'사람은 무엇으로 사는지'를 알게 되지.

첫 번째, 사람의 마음속에는 무엇이 있는가.
자신을 긍휼의 마음으로 돌봐준 가난한 부부를 보며
사람의 마음속에는 사랑이 있다는 것을 알게 되었지.

두 번째, 사람에게 주어지지 않은 것은 무엇인가.
1년 동안 신어도 모양이 변하지 않는 신을 주문한 한 남자가
그날 저녁에 천사가 영혼을 데려가는 것을 보고
사람은 내일 일을 알지 못하고 자신에게 필요한 것이
무엇인지 아는 능력은 없음을 알게 되었지.
세 번째, 사람은 무엇으로 사는가
한 여인이 친자식도 아닌 고아가 된 아이들을 사랑하며
돌봐주는 것을 보고 그 여인에게서 살아있는 하나님을 보았고
사람이 사랑으로 살아간다는 것을 되었단다.

사람은 혼자 살 수가 없지.
내가 만들지 않은 옷을 입고, 내가 농사를 짓지 않은 쌀로 밥을 해 먹고,
내가 공사하지 않은 도로에서 운전할 수 있고,
내가 짓지 않은 집에서 살 수 있고,
내가 직접 가지 않아도 외국의 제품들을 사 쓸 수 있지.
사람들은 제각기 은사의 영역에서 이루어 놓은
'의, 식, 주' 등을 함께 공유하며 더불어 살아간단다.

너희가 너희의 땅에서 곡식을 거둘 때에 너는 밭 모퉁이까지
다 거두지 말고 네 떨어진 이삭도 줍지 말며 네 포도원의 열매를
다 따지 말며 네 포도원에 떨어진 열매도 줍지 말고
가난한 사람과 거류민을 위하여 버려두라
나는 너희의 하나님 여호와이니라(레위기 19장 9~10절)

사람들은 서로 힘을 모아 사랑하며 살도록 지음을 받았지.
만일 힘들고 불쌍한 사람들이 있다면 가진 사람이 도와주는 것이
하나님이 기뻐하는 마음이란다.
불쌍한 사람에게 긍휼의 마음을 가지고 고아들을 불쌍히 여기는 마음이
사랑의 마음이고 자비의 마음이지.

'자비'라고 하면 또 하나 생각나는 것은 양화진에 묻힌
선교사님들의 묘지가 생각난단다.
이곳에 묻힌 선교사님들은 자신들의 모국에서 누릴 수 있는
수많은 권리들을 포기하고 가난하고 희망이 보이지 않는
우리나라에 와서 자비를 베푼 대표적인 분들이지.
1885년부터 1945년까지 조선에 오신 선교사님의 수는
약 1,500여 명이었다고 해.
양화진에 있는 선교사 묘지는 하나님의 자비를 이 땅에 전하기 위해
왔다가 숨진 10개국 395명의 선교사들이 묻힌 곳이란다.

이분들은 하나님의 자비를 이 조선 땅에 뿌려주셨지.
우리를 도울 필요도 없는 이해관계가 없는 분들이셨는데
이 땅에 오셔서 교회와 학교, 병원을 세우고, 복지시설을 세우시면서
이 조선 땅을 위해 목숨도 잃으셨단다.
소망이 없는 가난한 나라, 어둠의 나라, 자유가 없는 나라,
미신과 악습이 많은, 자랑할 것이 없는 이 나라에 와서
칼에 맞아 죽기도 하고, 병에 걸려 죽기도 하고, 여러 핍박을 당하면서도

우리나라 국민을 사랑하다가 죽어갔단다.
처녀 선교사님인 루비 레이첼 켄트릭 선교사님은
한국에 온 지 9개월 만에 병에 걸려 천국에 가셨단다.
그녀의 묘비에는 "내게 줄 수 있는 천 번의 생명이 있다면
나는 그 천 번의 삶을 한국을 위해 바치겠다."라고 적혀 있단다.
이분들의 헌신적인 사랑이 있었기에
우리나라가 빠른 시간에 발전하여 선진국 대열에 올라가
좀 더 편리하고 행복하게 살아갈 수 있게 되었단다.
예수님의 사랑에 힘입은 선교사님들의 자비의 마음이
오늘날의 우리나라와 지금의 나를 만들었다는 마음에
오늘도 감사함으로 하루를 살아간단다.

최근에 엄마가 보내준 책 '팀 켈러, 오늘을 사는 잠언' 책 있지?
그 책을 읽고 엄마의 마지막 결론은 아래의 성경 말씀이란다.

가난한 자를 불쌍히 여기는 것은 여호와께 꾸어 드리는 것이니
그의 선행을 그에게 갚아 주시리라 (잠언 19장 17절)

여호와를 의지하고 예수님을 주인으로 모시면 겸손하고, 지혜롭고,
부지런하고, 정직하고, 정의롭고, 용서하고, 불쌍한 사람을
긍휼히 여길 자비로운 마음을 가질 것 같아.
이렇게 자비의 마음을 가지게 된다면
세상에서 힘들고 지치고 가난한 자에게 베풀게 되지.

잠언에서 미련한 자의 특징이 적혀 있더구나

〈미련한 자의 특징〉
1. 거만하다
2. 어리석다
3. 완고하다
4. 불량하다
5. 게으르다
6. 제 꾀에 빠진다
7. 부조리하다
8. 안일하다
9. 비웃는다
이런 사람이 미련한 자란다.

엄마도 잠언의 지혜를 더 깊이 알아서
미련한 자가 되지 않기를 기도한단다.
너희들이 어릴 때 식탁에서 매일 밥 먹기 전에
잠언을 한 장씩 읽은 것이 기억나니?
아침에 바쁘게 밥 먹고 학교 가야하고 출근해야 하지만
몇 년을 지속하였었지.
너희들이 중학교, 고등학교 때까지 지속하지 못하여 아쉽구나.
이제 너희들 스스로 매일 잠언을 한 장씩 읽기를 바란다.
마침 잠언은 31장까지 되어 있으니 매일 한 장씩 읽으면

한 달에 잠언 한 권을 읽게 되지.
그러면 일 년에 12번을 읽게 된단다.
늘 잠언을 가까이하고 잠언 말씀대로 세상을 살아간다면
바르고 정직하고 신뢰할 만한 사람으로 살아가게 되리라 믿는다.
우리 가족 모두가 잠언을 깊이 알아 말씀으로 날마다 성장하고
성숙하여 좀 더 지혜로운 사람이 되기를 기도한다.

그 책에서처럼

지혜를 더 깊이 아는 자
하나님을 더 깊이 아는 자
사람의 마음을 더 깊이 아는 자
타인을 더 깊이 아는 자
때와 시대를 더 깊이 아는 자
삶의 현장을 더 깊이 아는 자
예수님을 더 깊이 아는 자

가 되어서 결국 내가 행해야 할 것은
이웃에게 선을 베푸는 것임을 알았단다.
내가 살아가는 삶이 기부, 봉사, 기여의 삶이 되어야 하지.
브루스 월키는 '의인은 사회를 이롭게 하려고 불이익을 감수하지만
악인은 사회에 불이익을 끼쳐서라도 사리를 취한다.'라고 말했단다.
브루스 월키가 말하는 의인처럼 내 인생에 불이익이 와도

타인을 위한 기여의 삶이 되기를 기도한단다.

사람은 사회에 참여하여 타인에게 기여할 수 있는 삶을 사는 것이
진정 가치 있는 삶이라고 생각해.
아들러는 '타인을 이해하고 타인의 복지를 고려하는 정도'가
'정신건강의 척도'라고 말하더구나.
자기만 생각하는 이기주의자는 정신적으로 건강하지 않은 상태라고 해.
세상을 향한 기여는 자비와 긍휼의 마음이 가득할 때
자연스레 일어나는 결과라고 생각한단다.
세상을 향한 기여, 자비의 마음이 있다면
날마다 기쁜 삶을 살 수 있을 것 같아.
기여의 삶을 향한 발걸음을 한 걸음씩 걷고 있으니 말이야.

'자비'의 마음의 반대는 '판단'이라 생각해.
자비는 상대방을 있는 그대로, 그 모습 그대로 사랑하며
긍휼을 베푸는 것이라면 판단은 상대방의 잘잘못을 따지고 판단하여
지적하는 것을 말하지.
자비를 행하는 것은 우는 자, 힘든 자의 말을 들어주고 그들의 모습,
그 자체를 이해하고 사랑하는 것이지.
내가 힘들 때 하나님께 언제든지 기도하면 하나님께서
내 모습 그대로 사랑하고 들어주는 것처럼 그들이 힘들 때 들어주고
그 모습 그대로 사랑한다면 그들이 위로를 받을 것이고
나아가서는 하나님의 마음을 알 수 있을 것 같아.

07
"성령의 아홉 가지 열매 - 여섯. 양선"

민성아~

오늘은 양선에 대해 알아볼게.

양선(Goodness)은 어질고 착하다는 (어질 良, 착할 善)이란다.

어질고 착한 성품이지. 영어로는 Goodness, 선행이라고 해.

헬라어로는 '아가도쉬네'라고 하는데 표준새번역에서는

'선함', 공동 번역에서는 '선행'이라고 되어있어.

엄마는 양선보다 '선함'과 '선행'의 의미가 더 잘 다가오네.

우리가 선을 행하되 낙심하지 말지니 포기하지 아니하면
때가 이르매 거두리라 (갈라디아서 6장 9절)

우리가 이웃이나 공동체 등에서 선을 행할 때 당장은
손해 보고 피해 입을 때도 있지만 계속 행하면
무엇보다도 우리 마음이 평안하고 기쁨으로 가득 차게 되지.
그리고 우리를 향해 선한 계획을 갖고 계신 하나님께서 보고 계시고
때를 따라 필요를 채워 주시지.

캔트 키스의 '그래도'의 역설적인 지도자의 십계명이 생각나네.

[역설적인 지도자의 십계명]

1. 사람들은 논리적이지 않고 불합리하여 자기중심적이다
　　그래도 그들을 사랑하라
2. 당신이 친절을 베풀면 숨은 의도가 있다고 의심할지도 모른다
　　그래도 친절하라
3. 당신이 성공하면 거짓 친구들과 숨은 적들을 얻을 수도 있다
　　그래도 성공하라
4. 당신이 오늘 선을 행해도 내일이면 모두 잊힐 것이다
　　그래도 선행을 베풀라
5. 정직하고 솔직하면 불이익을 당할지도 모른다
　　그래도 정직하라
6. 큰 뜻을 품고 살아가면 그렇지 않은 사람들에 의해 넘어질 수 있다
　　그래도 큰 뜻을 품으라
7. 사람들은 약자의 편을 들면서도 강자만을 따른다
　　그래도 약자를 위해 싸우라
8. 오랫동안 공들여 쌓아 올린 것이 하룻밤 사이에 무너질 수 있다
　　그래도 쌓아 올려라
9. 도움이 필요한 사람들에게 도움을 주고도 공격받을 수 있다
　　그래도 사람들을 도우라
10. 당신이 가진 최선의 것을 세상에 주고도 크게 낙담하게 될지 모른다
　　그래도 최선의 것을 세상에 주어라

다윗은 시편 23편 6절에 '내 평생에 선하심과 인자하심이 반드시 나를 따르리니 내가 여호와의 집에 영원히 살리로다'라고

고백하였단다.
하나님은 그의 백성을 끝까지 사랑하신다는 것을 아는 다윗은
자신의 인생에도 평생토록 여호와의 선하심과 인자하심이
따라올 것을 확신하였을 거야.
이스라엘 민족이 광야를 지나는 40년 동안 만나와 메추라기를 주시고
바위에서 물을 내신 하나님의 사랑이 생각나네.
내 인생이 끝나는 날 이 세상보다 더 나은 곳, 천국으로 인도되어
영원하신 여호와의 집에 거하게 되니 얼마나 기쁠까.

민성아.
민정이에게 듣기로 네가 군대에 들어가기 전 학사관에 있을 때
주일 저녁에 있는 청년부 모임에서 여러 면에서 늘 양보한다고 하더구나.
네가 타인을 배려하는 것은 집에 있을 때도 그랬었지.
늘 동생들에게 양보하고 동생들이 필요한 것이 있으면
네가 할 수 있으면 채워 주었지.
그런 너의 모습에 감사하단다.
그런데 때로는 너의 의견은 나타내지 않는 때가 많은 것 같아서
엄마는 마음이 아플 때도 있었단다. 언젠가 네가 말하였지.
어떤 문제가 있을 때 '이렇게 해도 되고, 저렇게 해도 되니
상대방의 의견을 따라주는 편이다.'라는 뉘앙스의 말이었어.
상대방을 배려하는 너의 마음과 행동이라고 생각해.

학교나 학사관에서 여러 모습으로 타인을 도울 너의 모습이

눈에 선하구나.
민성이가 교회에서, 세상에서, 어떠한 공동체에서
늘 하나님의 사랑을 드러내는, 예수그리스도의 향기를 드러내는
사람이 되기를 기도할게.

민성아.
양선은 '호의'를 뜻한다고 해.
미국 동부의 메이저 건축설계회사인 '팀하스'의 설립자인
하형록 회장은 단어 'favor'로 그의 책의 제목을 정하였는데
한글에서는 적당한 단어가 없어서 '호의'라고 하였다고 해.
'favor'는 단순히 부드럽게, 친절하게 하는 차원을 넘어
'적극적으로 선을 행하는 상태'라고 해.

 'favor'의 어원은
　·헤세드 : 무조건적인 하나님의 은혜
　·라훔 : 긍휼, 자비
　·헨 : 하나님의 뜻대로 살기 위해 노력하는 이들에게 주는 은혜
라고 해.

하형록 회장은 34살 때 6개월 안에 심장이식수술을 받지 못하면
죽을 수밖에 없는 상황이었단다.
회장의 심장과 압력이 딱 맞는 심장이 언제 나타날지 모르는 상황에서
심장도 아프지만 생명의 불빛이 하루하루 꺼져가는 듯한

불안과 두려움의 고통 속에 있었단다.
언제 멈출지 모르는 예측 불가능한 심장을 가지고 있으니
살아있으나 죽은 것이나 다름없는 심정이었다고 해.
무엇보다 잔인했던 현실은 기다린다고 해서
자신과 딱 맞는 심장이 나타난다는 보장이 없다는 것이었어.
실제 병동 환자들의 절반 이상은 이식받을 심장을 기다리다 목숨을 잃고
이식받아도 합병증으로 절반 이상은 사망한다고 해.
더구나 두 딸은 겨우 두 살, 세 살이었고 사랑하는 아내를 생각하면
하루하루가 피를 말리는 시간들이었다고 해.
시간이 갈수록 혼수상태에 빠질 때가 더 많아서 불안감에 떨었다고 해.
그런데 드디어 5개월째! 자신과 딱 맞는 심장이 나타났어.
타는 듯한 목마름으로 간절히 기다리던 심장이 나타난거야!
하지만 옆 병실의 알지 못하는 환자가 이식을 당장 받지 못하면
이틀 내로 죽는다는 말을 듣고 자신이 이식받을 심장을 양보한단다!

엄마라면 과연 그렇게 할 수 있을까.
지금 마음으로는 도저히 못할 것 같단다.
하형록 회장의 그때 그 절박한 상황에서 옆 병실의 알지 못하는 환자에게
심장을 양보한 마음이 'favor'의 마음이란다.
하나님은 죄로 인해 죽은 우리를 구원하기 위해
자신의 사랑하는 아들 예수를 십자가에 달리도록 허락하셨단다.
예수님의 십자가 사랑이 우리를 향한 favor의 마음이지.
말할 수 없는 은혜, 값을 매길 수 없는 은혜란다.

또 너를 고발하여 속옷을 가지고자 하는 자에게 겉옷까지도 가지게 하며
또 누구든지 너로 억지로 오 리를 가게 하거든
그 사람과 십 리를 동행하고 네게 구하는 자에게 주며
네게 꾸고자 하는 자에게 거절하지 말라 (마태복음 5장 40~42절)

선한 사람, 착한 사람들은 후하게 베푸는 사람이란다.
창세기 13장에 아브람과 그 조카 롯 사이에 다툼이 벌어졌단다.
그들의 재산이 많아지자 서로 좋은 땅에서 목축을 하기 위해
아브람의 종과 롯의 종들이 싸웠어.
이때 아브람이 롯에게 이르되 우리는 한 친족이라 나나 너나 내 목자나
네 목자나 서로 다투게 하지 말자 네 앞에 온 땅이 있지 아니하냐
나를 떠나가라 네가 좌하면 나는 우하고 네가 우하면
나는 좌하리라(창세기 13장 8~9절) 라고 하였단다.
아브람은 조카 롯에게 한 친족이니 다투지 말자고 하며
롯에게 먼저 좋은 것을 택하도록 양보하였어.
롯은 자기 눈에 보기에 좋은 땅, 여호와의 동산 같고 애굽 땅과 같이
물이 넉넉한 소돔과 고모라를 택하였단다.
너도 알다시피 소돔과 고모라는 음란하고 타락하고 악이 가득하였지.

그 후 하나님은 아브람에게 축복을 해 주셨단다.
눈앞에 내가 좋게 보이는 것을 선택하는 것보다
하나님의 신실하심을 믿고 하나님이 좋아하시는 것을 선택하면
하나님은 모든 것을 합력하여 선으로 바꾸어 주신단다.

우리가 알거니와 하나님을 사랑하는 자 곧 그의 뜻대로 부르심을 입은
자들에게는 모든 것이 합력하여 선을 이루느니라(로마서 8장 28절)

엄마는 이 말씀을 믿는단다.
우리 앞에 다가오는 여러 상황에서 눈앞에 보기에만
좋은 것을 선택하는 것이 아니라 하나님의 기뻐하시는 뜻이
무엇인지 기도하고 선택하길 바란다.
네게 찾아온 상황이 괴로워도, 지금의 상황만 보지 말고
그것을 선으로 바꾸어 주시는 주님을 신뢰하여라.
그러면 하나님께서 모든 것을 합력하여 선을 이루어 주시리라 믿는단다.

민성아.
성령의 9가지 열매 중 양선에는 정직함도 포함된다고 생각한단다.
'양선' 즉 '선함'은 다른 사람과의 관계에서 진실되고
투명하게 행동하고 정직함을 보여주면 선함은 더욱 빛나리라 생각돼.
캔트 키스의 역설적인 지도자의 십계명에서도 보았듯이
선함, 친절을 베풀 때 상대방은 우리에게 숨은 의도가 있다고
생각하는 사람도 있단다.
그러나 우리가 끝까지 정직함과 투명함을 기반으로 한
선함, 친절을 보여준다면 결국에는 그 선함이 드러나게 되지.
진실된 것은 언제나 빛을 발하지.

민성아.

우리 민성이가 살아가면서 성령의 9가지 열매를 하나하나
드러내는 삶을 살아가기를 기도할게.
어느 열매든 그 열매를 내는 나무가 건강하면 좋은 열매를 맺게 되지.
우리 민성이가 좋은 열매를 내는
깨끗하고 건강한 청년의 시절을 보내길 기도할게.

08
"성령의 아홉 가지 열매 - 일곱. 충성"

민성아~
오늘은 어떻게 지냈니?
오늘도 훈련을 잘 받았니?
밥은 잘 먹고 있니?
건강은 어떠니?
늘 건강하게 잘 보내길 기도하고 있단다.

오늘은 1892년 세계 최대 철강회사 카네기와
회사의 청소부 쉬브(Schwab)의 이야기로 시작할게.
중학교를 중퇴한 쉬브는 카네기 철강 회사에
처음에 청소부로 입사하였단다.
그는 청소를 아주 잘했다고 해.
신앙심이 깊은 쉬브는 아침 묵상 후 다른 사람보다
한 시간 먼저 출근하고, 한 시간 늦게 퇴근했단다.
그리고 청소에 대해서는 세계에서 1등 하리라 마음먹었단다.
그 이유는 그의 신앙 양심과 전도 때문이었다고 해.
하나님 앞에서 정직하고 성실하게 일하였고,
믿지 않는 자들을 하나님께로 이끄는 전도도 열심히 하였으리라 생각돼.
이토록 일을 열심히 하자 쉬브는 얼마 있지 않아서 청소 부장이 되었단다.
청소 부장이 되면 청소 감독을 하며 일을 많이 안 해도 될 텐데 계속 열심히 하였단다.
청소부원 중에서 아픈 사람이 있으면,
자기가 청소를 대신해 주는 등 친절을 베풀었단다.
그래서 함께하는 일꾼들에게 힘을 주고 희망과 열정을 심어 주었단다.

청소 부장 직책을 너무나 잘 훌륭하게 잘 수행하였고
그 다음엔 사무직 계장으로, 사무직 과장으로 계속 올라갔단다.
자기가 맡은 업무는 밤을 새워서라도 완결 지었단다.
회사의 모르는 분야는 계속 공부해서 중요한 업무는 모두 꿰뚫게 되어
회사의 돌아가는 상황을 훤히 알게 되었지.
그래서 나중에는 카네기의 비서실장이 되었단다.
세월이 흘러 카네기가 은퇴하는 때가 왔단다.
전 세계의 매스컴이 카네기의 후임이 누가 임명될 것인지에
큰 관심이었단다.
'카네기의 후계자가 누가 될 것인가?'
카네기는 자기의 후계자로 청소부 출신인 자기 비서실장
'쉬브'를 지명하였단다.
카네기는 평소에 쉬브의 성실함과 근면한 태도를 눈여겨보았지.
"좋은 대학을 나온 유능한 사람은 많지만 성실함과 책임감을 가진
사람은 좀처럼 나타나지 않는다."
그때, 쉬브는 카네기에게 말하기를
"회장님, 지금까지 제가 회장님의 말씀을 거역한 적이 없지만,
이번만은 거절해야 될 것 같습니다.

이 회사만은 제가 맡을 수 없습니다.
왜냐하면, 사장님 밑에는 좋은 박사들도 많고,
가족들 중에는 훌륭한 사람들이 많기 때문입니다.
그런데, 제가 어떻게 이 막중한 일을 감당하겠습니까?
이것만은 못합니다. 저는 그저 이 비서에 만족하겠습니다."
라고 말했다.

이때 카네기는 중요한 말을 했단다.
"과학자가 필요하면 과학자를 불러다가 쓰고 돈을 주라!
경제인이 필요하면 경제인을 불러다가 일을 시키고 돈을 주라!
수학이 필요하면 계산 잘하는 사람을 불러다가 쓰고 돈을 주라!
내가 자네를 선택한 것은 자네에게는 가장 좋은 무기가 있기 때문이라네!
자네 속에는 살아 계신 하나님이 있지 아니한가?
나는 그것을 보고 자네에게 이 회사를 맡긴다네!"

앤드류 카네기와 찰스 쉬브!
지혜의 사람, 기도의 사람인 쉬브가 카네기의 후임자가 되었단다.
전 세계가 깜짝 놀랐지.
물론 쉬브는 기대에 어긋나지 않게 훌륭한 회장으로 활약하였단다.

민성아.
충성은 헬라어 '피스티스'로 신실을 뜻한단다.
신실하다는 것은 믿음직스럽다는 것이지.

충성의 열매는 신실하고 믿음직하다는 열매이지.
우리 그리스도인은 군인들이 하는 것처럼
하나님께 '충성'을 외쳐야 할 것 같아.
하나님 뜻대로 신실하게 충성되게 살아간다면
하나님께서 언젠가는 보답해 주시리라 믿어.
설사 보답해 주시지 않는다 하더라도
우리는 하나님 앞에 해야 할 일을 하는 것이지.

하나님께서 우리 민성이에게 원하시는 일이 있을 것이야.
하나님의 일이지만 민성이에게는 비전이 되는 것이지.
그 비전을 발견하여 그 길로 충성되게 걸어간다면
하나님께 영광이요 너에게는 충만한 기쁨이 될 것 같아.

09
"성령의 아홉 가지 열매 – 여덟. 온유"

민성아~

오늘도 잘 지냈니?

오늘따라 너의 차분한 목소리가 그립네.

늘 건강하게 지내길 오늘도 기도한다.

민성아~

엄마는 너의 화내는 모습을 한 번도 본 적이 없구나.

마음은 상했을지라도 화를 내지는 않았지.

너는 온유한 성품이구나.

너에게 온유에 대해 언젠가 말했던 것 같네.

사람들은 온유한 성품을 말할 때 온순하고 부드러운 천성,

화내지 않고 큰소리치지 않고 공격적이지 않은 자를 온유하다고 말한단다.

또는 자신의 의견을 강하게 표현하지 않고

우유부단하고 조용한 사람에게 온유하고도 하기도 한단다.

그런데 진정한 '온유'는 그런 나약한 온유가 아니란다.

'온유한'을 뜻하는 헬라어 '프라우스'는

그냥 온순한 온유가 아니라 길들여진 온유를 말한단다.

원래는 온유하지 않았지만 가르침이나 훈련으로 변화된 온유함을 의미해.

미국 서부의 농장주들은 거친 야생마를 길들일 때

초원으로 데리고 간단다.
그리고 당나귀와 함께 묶은 뒤 풀어준단다.
그러면 야생마는 거칠게 뛰어오르며
힘없는 당나귀를 끌고 들판을 뛰어가지.
며칠이 지나면 야생마와 당나귀가 함께 돌아온단다.
야생마가 아무리 뛰어도 당나귀가 떨어지지 않으니
지쳐서 결국 함께 보조를 맞추어 걸어오는 것이지.
이 길들여진 야생마를 '프라우테스(온유)'라고 한단다.

온유란 거칠고 사나운 성품이 따뜻하고 부드럽게 변하는 것을 말해.
거친 성품이 남아 있어도 주인에게 길들여지면 순종하지.
주인이 빠르게 뛰어가야할 때 뛰라고 신호를 가하면
화살이 비 오듯 쏟아지는 전장이라도 달려가지.
주인이 멈추라고 고삐를 당기면 제자리에 멈추지.
온유함은 철저하게 주인을 위해 길들여진 성품이야.
그러니 온유는 자신의 의견을 표현하지 못하고 우유부단하고 타협하는
무기력하고 연약한 자에게 쓰는 단어가 아니란다.
강하고 거센 것을 부드럽게 하는 것이 온유지.

온유는 천성적으로 온순하고 부드러운 성품이 아니라
예수님을 믿은 후에 성령으로 길들여지고 훈련된 성품을 말한단다.
말씀으로 변화되고 믿음으로 성숙해진 성품이지.
그래서 이 온유함은 하나님을 주인으로 모시는 온유함이고,

하나님의 말씀앞에 순종하는 온유함이란다.

온유는 힘이 없어서 온유한 것이 아니란다.
오히려 힘은 있지만 자신을 잘 다스리는 사람이란다.
내가 하고 싶은 대로 살고 자기 마음대로 사는 것이 아니라
하나님 말씀 앞에 순종하고 하나님의 뜻대로 사는 것이 온유지.
자신의 힘을 잘 조절하여 모두에게 유익한 목적을 위해
사용되도록 훈련된 인격을 소유한 사람이 온유한 사람이지.
자신의 본능을 잘 다스릴 수 있는 사람,
충동을 억제할 수 있는 사람을 말하지.
온유는 사자가 어린아이를 소중히 안고 있는 것처럼
힘이 있지만 힘을 절제하는 데서 나오는 성품이안다.
온유는 하나님의 성품이란다.

온유한 사람은 강물과 같아.
시냇물은 소리 내며 흐르지만 강물은 유유자적 조용히 흐른단다.
강물은 흙탕물이 와도 구정물이 와도 깨끗하게 정화시켜주지.
살아가며 이웃이나 공동체, 직장에서 원망과 불평을 들어도
거기에 휘둘리지 않고 타인에게도 다시 말하지 않는,
자신과 타인에게 거룩한 사람!
이 사람도 온유한 사람이지.

노하기를 더디 하는 자는 용사보다 낫고

자기의 마음을 다스리는 자는 성을 빼앗는 자보다 나으니라
(잠언 16장 32절)

쉽게 흥분하여 화를 내는 것이 아니라 노하기를 더디하여
자신의 마음을 잘 다스리면 성을 정복한 용사보다 낫다는 말씀은
우리 자신의 마음을 다스리기가 그만큼 어렵다는 것을 나타내지.
그 어려운 마음 다스리기를 잘하면 진정 온유한 사람으로서
자신과 다른 사람에게 선한 영향력을 주게 되지.
이런 온유한 사람이 되기 위해 엄마도 평생 노력해야 할 것 같아.

자녀에게는 두 사람이 필요하지.
강하고 바른 권위와 능력을 가진 아버지와
따뜻하고 부드러운 섬김과 사랑을 주는 어머니가 필요해.
엄마가 너에게 온유한 마음으로 섬김과 사랑을
얼마만큼 행했는지는 잘 모르겠네.
부족한 부분이 있었다면 지금이라도 계속 노력할게.

너도 어릴 때부터 모세 이야기를 많이 들었을 거야.
하나님께서 지면에서 온유하다고 표현한 모세도
하나님 앞에서 훈련받기 전에는 화를 내었지.
히브리인이지만 왕궁에서 자라게 된 모세가 자라서
히브리인을 괴롭히는 애굽 군사를 죽이고 광야로 도망갔단다.
광야에서 40년 동안 목축을 하며

말을 잘 듣지 않는 양들을 다루면서 많이 온유해졌지.
이때의 훈련으로 이스라엘 백성을 이끌어 광야를 지날 때
모세는 하나님 말씀대로 행진하기도 하고,
멈추기도 하며 온유함으로 백성을 다스렸단다.
모세는 광야의 훈련으로 하나님 말씀 앞에 순종하는
진정 온유한 사람이 되었지.
우리도 살면서 끊임없이 말씀 앞에 나의 삶을 조명하고
나의 행동을 말씀대로 다스려 간다면
점점 더 온유한 성품으로 변하게 될거야.

온유는 허세를 부리지 않는 것이란다.
온유는 폭력이나 잔인함이 없고 고통을 감내할 수 있는 능력이며
고통을 인내하고 온화하고 부드러우면서도 강한 마음의 자세란다.
이렇게 '온유' 속에는 부드러움, 사랑, 능력, 강함, 거룩, 관용,
섬김, 온화함, 올바른 자각을 포함하고 있단다.

엄마는 이 말을 좋아한단다.

사람은 바른말과 지적으로 바꿀 수 없습니다.
사람은 오직 사랑과 격려로 바꿀 수 있습니다.

십자가에 달려 돌아가신 예수님은 하나님이시니
자신의 힘을 사용할 능력, 하늘에서 영광을 받으실 권리가 있으시단다.

그러나 우리를 구원하기 위해 그 권리를 행사하지 않으시고
하나님의 뜻에 순종하여 낮고 낮은 이 땅에 오셔서
사람으로 사시며 십자가에 달려 돌아가단다.
이 땅에 계시며 사랑과 순종과 행함으로 우리를 가르쳐 주셨지.
완전한 사람이고 완전한 하나님이신 예수님이 진정한 온유의 대표이시지.
우리는 죄인이기에 스스로 온유해지기 힘들어.
그래서 날마다 말씀 읽고 하나님의 뜻을 알아
순종하며 온유한 성품이 되고자 노력하여야 한단다.
그러할 때 성령님께서 온유를 선물로 주시리라 생각해.

민성아.
세상을 살아가며 감당하기 어려운 일을 만났을 때 분노하지 않기를 바란다.
물론 민성이는 타고난 성품이 온유한 편이라 그렇지 않으리라 생각돼.
억울한 일을 당했을 때도 감정을 먼저 앞세우지 말고
상대방을 먼저 이해해 주고 이해시켜야 한단다.
그리고 문제가 생겼을 때 무엇보다 후히 주시고 꾸짖지 아니하시는
하나님께 기도하면 잘 해결하도록 지혜를 주실 거야.
민성이가 공의와 정의의 하나님 앞에서
진정 강하고 온유한 사람이 되기를 기도할게.

10
"성령의 아홉 가지 열매 - 아홉. 절제"

민성아~
오늘도 톨스토이 이야기로 시작해 볼게~
이번의 이야기는 ≪사람에게는 얼마만큼의 땅이 필요할까≫란다.

러시아의 평범한 농부 파홈은 어느 날 바시키르족이
땅을 헐값에 판다는 말을 듣고 그 땅으로 갔어.
그 땅은 매우 비옥한 땅이었어.
그런데 그 땅의 족장이 땅을 파는 방식은 매우 독특했어.
하루에 천 루블!
"처음 출발했던 지점을 떠나 하루 동안 그날 안으로 걸어서 돌아온 만큼
당신 땅이 됩니다."
해가 지기 전에 그 출발점으로 돌아오지 않으면
모두 무효가 된다는 조건이었지.
천 루블이 원화로 얼마인지 네이버 검색창에 알아보니
현재 약 16,000~17,000원 정도더라.
시대가 지나고 화폐의 가치가 다르더라도 너무나 싼 값이지.
다음 날 아침 일찍 출발점을 떠난 파홈은 열심히 걸었지.
음식도 제대로 먹지 않은 채 빠르게 걸어가며 구덩이를 파고
표시를 하며 계속 걸었지.
자기 앞에 있는 땅들이 더 비옥하고 탐스럽게 보여서

계속 욕심을 내어 걷고 또 걸었지.
해가 서쪽으로 기울기 시작하는 것을 알게 되어
방향을 틀어 출발점으로 향했어.
해가 지평선 아래로 모습을 감추려는 것을 보고 계속 달리기 시작했어.
땀이 비 오듯 하고 숨이 차고 다리가 후들거리지만
혼신의 힘을 다해 달려갔지.
해가 지기 직전에 출발점으로 돌아왔지만 결국 숨이 끊어졌지.
결국 죽고 만 파훔을 불쌍히 여겨 그 땅의 족장은 파훔을 땅에 묻어주었지.
파훔에게 필요한 땅은 파훔의 키보다 약간 더 큰 약 180cm 정도였어.
파훔의 무덤을 바라보며 족장은 이렇게 말했지.
"사람에게는 얼마만큼의 땅이 필요할까?"

욕심이 잉태한즉 죄를 낳고 죄가 장성한즉 사망을 낳느니라
(야고보서 1장 15절)

성경에서 욕심은 죄를 낳고 죄는 사망에 이르게 한다고 되어있어.
톨스토이의 이야기를 보며 엄마는 절제에 대해 생각이 났단다.
주인공 파훔은 좀 더 많은 땅을 가지면 더 행복해질거라 생각했단다.
조금만 더, 조금만 더!
가지고 싶은 욕망을 절제하지 못하고 욕심을 부리다가
결국에는 죽음에 이르게 되었지.
이것은 극단적인 예지만 우리 일상에서 많이 일어나는 일이지.
일을 하면서도 '조금만 더, 조금만 더' 하다가 과로를 하게 되고

사업을 하다가 돈에 욕심을 내면 더 벌려고
'조금만 더, 조금만 더'하다가 다툼이 일어난단다.
음식에 대해서도 마찬가지이지.
맛있는 음식의 유혹을 견디지 못하고 '조금만 더' 먹다가
소화가 안되기도 하고 다이어트에 실패하기도 하지.
술, 도박, 게임에 중독된 사람들도 절제하지 못하여 중독된 것이란다.
절제를 잘하려면 마음을 잘 다스리고 욕심도 내려놓고
자신의 분량대로 지혜롭게 행동해야 한단다.
돈 쓰기를 절제하지 못하고 낭비하면 가난뱅이가 되고,
건강을 위해 쉬지 않고 일만 하면 질병에 걸리지.
사치, 향락, 과소비, 과식, 과음 등은
모두 절제하지 못하는 행동들 때문에 비롯된 것이란다.
절제를 잘 하려면 마음도 잘 다스리고 욕심도 내려놓아야 한단다.
시간적인 부분도 마찬가지란다.
무언가 해야 하는 일이 있어도 그것을 미루고
자신이 하고 싶은 것만 한다면 때에 맞는 삶을 살지 못하게 되지.
공부해야 할 때, 노력해야 할 때, 일을 해야 할 때 제대로 하지 않고
시간을 잘못 보내면 시간에 대해 절제하지 못하는 삶을 살게 된 것이지.

게으른 자여 네가 어느 때까지 누워 있겠느냐
네가 어느 때에 잠이 깨어 일어나겠느냐 좀 더 자자, 좀 더 졸자,
손을 모으고 좀 더 누워 있자하면 네 빈궁이 강도 같이 오며
네 곤핍이 군사같이 이르리라 (잠언 6장 9~11절)

말도 마찬가지란다.
상대방의 말을 듣고 자신의 말도 하며 서로 대화를 해야 하는데
절제하지 못하고 일방적으로 말을 쏟아내면
상대방은 더 이상 대화하기가 싫어지지.
특히 감정에 지배를 받아 절제하지 못하고
말을 서둘러서 하거나 격하게 하면 일을 그르치게 된단다.

에덴동산에서 하나님이 사람에게 필요한 모든 것을
다 주시고 누리도록 하셨으나 한 가지 절제시킨 것이 있지.
그것은 동산 중앙에 있는 선악을 알게 하는 나무의 열매는
먹지 말라는 것이야.
그것만 절제시켰는데 아담과 하와는 눈이 밝아진다는 뱀의 말을 듣고
절제하지 못하고 먹게 된단다.
이로 인해 아담의 후손인 우리는 모두 죄인이 되었지.
우리 삶에도 순간을 절제하지 못해서
힘든 상황에 처하거나 좌절하는 일이 생기지.
절제는 없거나 모자라기 때문이 아니라, 충분하나 삼가는 것이란다.
모든 면에 절제할 줄 아는 자가 성숙한 사람이란다.

모든 것이 가하나 모든 것이 유익한 것은 아니요 모든 것이 가하나
모든 것이 덕을 세우는 것은 아니니 (고린도전서 10장 23절)

모든 것이 가능하나 모든 것이 유익을 주는 것은 아니지.

또한 모든 것이 가능하나 모든 것이 덕을 세우는 것은 아니지.
우리 인생에서 모든 것을 할 수 있으나 절제가 필요해.
자신에게 주어진 건강, 시간, 재정을
얼마만큼의 절제력을 가지고 관리하느냐에 따라 인생이 달라지지.

절제가 없는 사치는 더 공허해지고
절제가 없는 시간 활용은 나태해지고
절제가 없는 충성은 과로로 인해 몸이 쓰러지고
절제가 없는 식탐은 몸을 둔하게 하고
절제가 없는 대화는 다툼을 일으키고
절제가 없는 자랑은 내면의 건실함이 없고
....
모든 일에는 절제가 필요하지.

내가 가진 모든 것, 건강, 재정, 시간 등에서 절제함으로 살아간다면
과도한 행동을 삼가게 되고 몸도, 정신도 건강하게 살아갈 수 있단다.

자신이 지금 가지고 있는 것으로 만족을 할 수 없는 사람은
그 사람이 가지고 싶어 하는 것을 다 가진다고 하더라도
만족을 못 할 것이다. - 소크라테스 -

민성아.
절제는 삶의 전반적인 부분에서 필요해.

절제함으로써 삶에서 일어나는 모든 부분을
기쁨과 감사로 여기며 살 수 있지.
오늘도 하루를 살아가며 주어진 모든 시간, 재정, 건강 등에서
절제의 삶을 살아가길 바란다.
그러면 하루를 끝내고 자기 전에 보람되고
충실한 하루가 되었다고 고백하리라 믿어.

11
"은혜"

민성아~
오늘 잘 보내고 있니?
군대에서 건강하게 잘 보내기를 늘 기도한단다.

이제까지 성령의 아홉 가지 열매인 사랑, 희락, 화평, 오래 참음,
자비, 양선, 충성, 온유, 절제를 모두 너와 함께 나누어 보았다.
우리 민성이가 군대에 감으로 인해 편지를 쓰면서 나누게 되어 감사해.
성령의 아홉 가지 열매를 알고 있지만 구체적인 예를 생각하며
엄마도 좀 더 알게 되어 감사하단다.
네가 좋은 열매를 맺을 나무로 잘 성장하여 앞으로 살아갈 세상에서
성령의 아홉 가지 열매들을 잘 맺어가길 기도할게.
좋은 나무가 되면 좋은 열매를 맺게 되지.
엄마도 천국가는 그날까지
이 열매들을 맺는 좋은 나무가 되려고 노력할게.

오늘은 은혜에 대해 말해 볼게~
'하나님께서 한량없는 은혜로 우리를 구원해 주셨다.'
교회에서 이 말을 많이 들어봤지?
한량없는 은혜가 구체적으로 와닿지 않으면
호흡을 생각하면 바로 다가올 것 같아.

호흡은 우리가 살아가며 너무나 소중한데
소중함을 잘 느끼지 못하는 것 같아.
호흡을 1분 정도 하지 못하면 호흡곤란으로
힘이 들고 입술이 노랗게 되는 수도 있어.
호흡을 2분 정도 하지 못하면 가슴 통증, 압박감, 구토,
어지러움의 증상이 오고 4분 정도 하지 못하면 혼수상태와 발작,
사지마비, 뇌 손상, 뇌사가 온다고 해.
이후에는 결국 죽게 될 수도 있지.
이렇게 4분 정도만 호흡을 못해도 심각한 위험에 빠지는데
평소에 호흡의 소중함을 잊고 지낼 때가 많아.

이 소중한 호흡처럼 생활 속에서 하나님의 은혜가 아니면 가질 수 없고,
살 수 없는 여덟 가지를 생각해 보았어.

1. 생명
우리가 이 세상에 태어난 것은 내 의지대로 태어난 것이 아니야.
하나님께서 태초에 계획해 주셔서 지금 세상에,
지금 이 자리에 태어나 살아가게 하셨지.
우리를 그냥 태어나게만 한 것이 아니라 삶을 선물로 주셨지.
살아갈 수 있도록 자연을 주시고 건강 주셔서
호흡하고 걷고 일할 수 있게 해 주셨지.
함께 살아가는 사람들과 웃으며, 때론 울기도 하며
더욱 진실된 삶을 알게 해 주시고 행복하게 살아갈 환경도 주셨지.

우리에게 생명이 없다면 지금 이 글을 쓰지도 못하고
하나님의 은혜도 알 수 없지.

2. 가족
우리를 태어나게 한 부모님과 함께 살아갈 가족을 주셔서
사랑하며 보호받으며 살게 해 주셨지.
삶에서 고난을 당하거나 실수해도 용서해 주고
돌아갈 수 있는 가족이 있음은 삶의 가장 큰 선물인 것 같아.
또한 가족 같은 친구도 주시고 교회의 지체,
회사 동료들과 함께 기쁨으로 소통하며 살아가도록 해 주셨지.
삶에서 사랑과 기쁨을 나누고 경험할 수 있는
공동체를 주셔서 정말 감사해.
물론 가족과 공동체는 받은 사랑을 다시 흘려보낼 곳이 되기도 하지.

3. 은사
하나님은 우리에게 각자에게 가장 알맞은 재능을 주셨어.
살아가며 다양한 재능을 가진 사람들을 만나게 될 거야.
각 개인이 가진 재능, 기술, 능력, 자원이 모두 다 다르지.
모든 사람에게 하나님이 각자에게 맞는 특별한 선물을 주신 것 같아.
각자가 잘하는 것은 그 사람의 비전이 되고 그것을 성취하고
이룰 수 있도록 인적, 물적인 자원 등 여러 환경도 주시지.
자신의 재능인 은사를 발견할 기회를 가지면 너무나 좋아.
은사는 거창한 것이 아니라도 내가 좀 더 잘할 수 있고

그것을 하면서 기쁜 것이면 된단다.
여러 봉사를 하다 보면 '나에게 이런 재능이 있었나?'
라고 알게 되는 경우도 있단다.
특히 교회 공동체에서 다양하게 섬길 때 많이 발견하는 것 같아.
엄마는 아이들을 좋아해서 주일학교에서 아이들을 오랫동안 섬기고 있지.
아이들을 사랑하고 섬기는 것이 결국 엄마의 비전으로 연결되었어.
엄마의 비전은 아프리카, 전쟁지역의 도와주지 않으면
살 수 없는 고아들을 돕는 것이잖아.
그 일에 엄마의 은사가 쓰이리라 믿어.

4. 음식
우리가 살아갈 때 음식이 없으면 살아갈 수가 없어.
하나님은 살아가는데 필요한 모든 음식을 땅에서 자라게 해 주셨지.
우리 몸이 필요한 음식을
자연에서 거두어 먹을 수 있도록 해 주신 것도 큰 은혜지.
바쁜 생활 때문에 인스턴트를 먹거나 가공한 음식을 먹을 수도 있는데
그러면 우리의 세포가 힘들어해.
되도록이면 자연 그대로의 재료로 만들어진 음식을 먹으면 좋아.
음식은 우리 몸에 들어가서 위, 십이지장, 소장을 거치며 분해되어
마지막 소장에서 영양소를 흡수한단다.
이 흡수된 영양소가 우리를 자라게 하고
세포들을 교체하고 에너지를 주고 건강을 유지하게 하지.
음식이 곧 우리의 몸이 된단다.

히포크라테스는 '음식으로 못 고치는 병은 의사도 못 고친다',
'음식을 약처럼, 약을 음식처럼'이라는 명언을 남겼지.
그만큼 음식의 중요성을 강조했단다.
그러니 인스턴트가 아닌 건강한 음식을 먹기를 바란다.
우리를 건강하게 살아가게 하는 맛있는 음식을 주시고
먹는 기쁨도 주시니 건강한 몸으로
이 세상에서 해야 할 일을 하는 것도 큰 은혜지.

5. 용서

우리는 혼자 살아갈 수 없는 존재란다.
함께 협력하여 살아가며 서로 도움을 주고 받고,
보람을 느끼고, 사랑과 기쁨을 누리게 되지.
사람들과 함께 살아가다 보면 서로에게 잘못을 하는 경우도 있어.
우리는 모두 죄인이라 남을 미워하기도 하고 화를 내기도 하지.
여러 상한 감정을 해결하는 길은 용서밖에 없단다.
예수님이 우리의 모든 죄를 용서하시려
십자가에 달려 죽으시고 부활하셨지.
그 큰 은혜를 받은 우리도 용서할 수 있단다.
용서를 하면 스스로의 마음이 더 기쁨으로 충만해진단다.
용서하지 못하고 아픔을 준 상대방을 계속 미워한다면
결국 자신이 더 힘들게 되지.
하나님의 무한한 사랑과 자비를 받은 우리는
그 사랑을 생각하며 용서할 수 있는 기쁨을 누리길 바란다.

6. 예배

예배는 유일하신 하나님께 찬양과 경배드리고
정성이 담긴 헌신과 예물을 드리며
하나님께 존귀와 영광을 돌리는 거룩한 예식이란다.
우리는 예배를 통해 하나님을 더욱 깊이 알 수 있어.
예배를 통해 하나님의 사랑과 은혜를 깊이 경험하고
그 사랑으로 이웃을 섬기고 교제의 기쁨을 누리게 되지.
예배를 통해 하나님의 말씀을 듣고 배울 수 있어서
하나님을 아는 지식이 쌓이고 은혜를 경험하며 지혜가 생기게 된단다.
또한 그리스도의 사랑을 배워 실천할 수 있게 되지.
예배를 드리며 삶의 근심과 걱정을 하나님께 맡기고
하나님의 위로와 사랑,
함께하는 지체들의 위로와 격려로 서로 힘을 얻게 되지.
예배를 드리면 하나님의 말씀이 내 마음에 새겨지고
이 말씀으로 이웃을 위해 기도하고 봉사하고
그리스도의 선한 영향력을 세상에 보낼 수 있단다.

7. 성경

우리를 사랑하셔서 살아가며 필요한 지식과 지혜의 모든 것이
쓰여있는 성경을 우리에게 주심은 큰 은혜란다.
성경을 통해 하나님의 사랑과 친밀함을 나누고
그의 뜻과 계획을 우리가 알 수 있도록 하셔서
우리가 세상에서 승리하는 삶을 살도록 해 주시지.

성경을 읽으며 하나님의 뜻을 더욱 알게 되고
하나님 뜻대로 사랑을 흘려보낼 수 있게 된단다.
성경은 선택의 연속인 인생길에서 내 뜻대로가 아닌
올바른 길, 선한 길을 알려주시는 하나님의 인도하심이 적혀 있지.
엄마도 엄마 뜻대로 인생이 이루어졌다면
지금의 진정한 기쁨과 충만을 누리지 못했을 것은 분명하단다.
엄마의 인생길이 고난과 슬픔이 많았지만 그 모든 것은
하나님께서 교만하지 않게 하고 바르게 하고 하나님을 더욱 사랑하고
내가 받은 사랑을 흘려보내는 준비를 하신 것이라 생각된단다.
성경을 읽음으로 점점 더 하나님의 뜻을 알게 되고
진정한 사랑과 기쁨을 배운 것 같아.
물론 엄마가 천국 가는 그날까지 계속 성경을 읽으며
지혜가 자라길 바라고 있지.

8. 기도

하나님께서 우리에게 기도라는 무한한 특권을 주신 것은 큰 은혜란다.
언제 어느 때든지 우리는 하나님께 기도할 수 있지.
성경에서 에녹은 약 300년 동안 하나님과 동행하는 삶을 살았다고 해.
동행하며 대화를 나누었겠지?
기도는 하나님과 대화하는 거란다.
무슨 일이든, 어떤 일이든 하나님께 말씀드리는 기도는 우리의 특권이지.
하나님과 동행하고 있는데도 문제가 생기면 피하거나
나쁜 일을 도모하거나 남에게 악하게 하지는 못하지.

하나님과 동행하며 좋은 일, 기쁜 일, 힘든 일, 해결해야 할 일,
괴로운 일도 말씀드릴 수 있으니 얼마나 기쁜지……
우리의 기도를 들으시고 선하게 인도해 주실 것을 믿고 기도해야지.
기도는 우리가 절망에 빠졌을 때 힘을 얻고
다시 일어설 수 있는 원동력이 되어준단다.
현실은 해결점이 보이지 않고 사방이 막힌 것 같아도
만물을 창조하신 하나님께 기도하면 하나님의 때에 우리의 소원을
가장 적합하게 이루어 주실 것을 믿는단다.
우리에게 기도할 수 있는 길을 열어주신 큰 은혜에 감사하단다.

생명과 가족과 은사와 음식과 용서와 예배와 성경과 기도는
우리가 하나님께 받는 은혜의 선물이란다.
우리가 억지로 얻으려 해서 되는 것이 아니라
값없이 거저 주어진 은혜란다.
많은 돈을 주고도 살 수 없는 무한한 은혜의 선물이지.
무조건적인 하나님의 은혜와 자비로
이 세상은 하나님이 섭리하심 안에 순리대로 운행된단다.
엄마도 이제 50살이 다 되었네.
이때까지 하나님의 은혜가 아니면
지금 살아있기 어려웠을 거라는 생각을 문득문득 하며
여기까지 인도하신 하나님의 은혜에 항상 감사드린단다.

엄마는 이 찬양을 부르는 것을 좋아한단다.

〈하나님의 은혜〉

나를 지으신 이가 하나님
나를 부르신 이가 하나님
나를 보내신 이도 하나님
나의 나된 것은 다 하나님 은혜라

나의 달려갈 길 다가도록
나의 마지막 호흡 다하도록
나로 그 십자가 품게 하시니
나의 나된 것은 다 하나님 은혜라

한량없는 은혜, 갚을 길 없는 은혜
내 삶을 에워싸는 하나님의 은혜
나 주저함 없이 그 땅을 밟음도
나를 붙드시는 하나님의 은혜

힘든 일이 었어도 그것을 바라보는 시각과 해결하는 방법,
또는 진행되는 상황에 필요한 것이 은혜라고 생각해.
어떤 이는 힘쓰고 애써도 원하는 방향으로 가지 않고
어떤 이는 굳이 그렇게 애쓰지 않고 하나님께 맡기고 기도하니
순조롭게 해결되는 경우도 있단다.
이것은 노력은 하지 않고 기도만 하라는 말은 아니란다.

내가 하는 일은 묵묵히 하되 하나님의 은혜와 자비를 간구하는 것이지.
때론 내 뜻대로 되지 않을 때라도 하나님의 섭리하심을 믿고
걸어가는 것이 진정 은혜받은 자의 행동이라 생각된단다.
그러면 어떠한 상황이 오더라도 원망하지 않고
다시 시작할 힘을 가지게 되지.
내 계획보다 하나님의 때가 더 나은 결과를 만든다는 것을
믿고 걸어가는 것이지.
내 삶의 모든 것이 하나님의 섭리 안에 있음을 인정하고
하나님께 맡기고 기도하며 은혜를 구하면
우리를 향하신 선한 계획만 있으신 하나님께서
우리의 삶을 선하게 인도하시리라 믿어.

민성아~
너의 인생길에 어떠한 일이 다가올지 모르지만
좋은 일도, 궂은 일도 우리를 향한 선한 계획만 있으신
하나님의 인도하심을 믿고 하나님의 뜻을 알아가고
은혜를 구하며 살아가길 기도할게.

할아버지, 아버지, 아들
3대 편지

01
"증조할아버지가 아빠에게"

창우에게

세월도 빨아서(빨라서) 독서의 좋은 계절이것다.
(독서 하기에 좋은 계절이 왔다.)
공부가 않이라(아니라) 전쟁이다.
종전도 ??이 임박하였다.
최종의 미를 거두기 위하여 건강을 제일 앞새우고(앞세우고)
많이 먹고 수면도 충분히는 못하여도 수면도 어느 정도 하고
과한 무리는 검물이다.(금물이다.)
건강이 없으면 희망도 영화도 없다.
절대적을 (뜨나)떠나 힘 다하는 정도까지 노력을 바란다.
약소한 비상금이나 많은 뜻에 (마가?)쓰기 바란다.

1991. 9. 2.
할아버지 서

昌佐 에게

歲月은 빨아서 讀書의 좋은 季節이 왔다
工夫가 일이다 전쟁이다 學業도 그도 仕月에이
입박 하였다 最終의 꽃을 그두기 위하여
健康을 第一 앞세우고 밝시 먹고 수면도
충분이는 못하여도 수면도 어느 정도하고 파란
무리는 검물이다 健康이 없으면 희망 希望도
榮華도 없다 절대 絶對的을 뜨나 힘 다하는
정도까지 농력 努力을 바란다
약소한 미상금 에나 많은 뜻이 바주 쓰기 바란다
1991. 9. 2
할아버지 서

02
"할아버지가 아빠에게"

창우에게

군 복무에 충실하고 있다는 너의 반가운 소식을 듣고 온
가족은 대단히 반가워 하였다.
할어버지, 할머니 온 가족들은 다들 편히 지나고(지내고) 있으니
아무걱정 말어라(말아라).
일찍이 이곳 소식을 전해 주려고 하든 것이(한 것이)
너무나 늦어 대단히 미안하게 생각한다.
우리의 삶의 트전인(터전인) 양산은 바쁜 계절에 접어들며
더욱이 대문 옆 공장 건물 70여 평이 또다시 착공하게 되었다.
가정 경제난은 다소 시달리는 편이지만
자산이 매년 증가하는 마당에 한껏 웃음의 미소가 땀을 식히게 한다.
창우는 국방의 의무를 띤 대한의 남아로서
식식하게(씩씩하게) 한층 더 노력하여
훈병의(훈련병의) 생활을 마쳐주기 기다리며 이만 줄인다.

1994. 05. 06.
아버지로부터

창은에게

군족무에 충실하고 있다고
너의 반가운 소식을 듣고 온 가족은 대단히 반가워
하였다
할아버지, 할머니 온 가족들은 다들 편히 지나고 있으니
아무걱정 말어라
일찌기 이웃 소식을 전해주려고 하든것이 너무나
늦어 대단히 미안하게 생각한다
우리의 삶의 르젼인 양잠은 아픈 제절이 접어들며
건축이 대문보 공장건물 70여명이 또다시
활동하게 되였다
가정 경제난은 다소 시달리고 편이지만 자산이 매일
증가하고 바라망에
한쪽 웃음의 미소가 땀을 식히게 한다.
창은도 국방의 의무를 띤 대한의 남아로서
씩씩하게 활충하고 노력하여 훈명의 생활을 마역줄기
기다리며 이만줄인다.
            1994. 5. 6.
                아버지로 부터

03
"민성이가 할아버지, 할머니께"

할어버지, 할머니께(께).
할머니 절 예쁘해 주셔서 감사합니다.
할아버지, 내가 하고 싶은 것을 사 주셔서 감사합니다.
할아버지, 할머니, 재(제) 말을 잘 들어주셔서 감사합니다.
앞으로도 절(저를) 기쁘게 해 드리면(주시면) 저도 할머니, 할아버지를 기쁘게 해 드리갯습니다.(드리겠습니다.)
할머니! 할아버지! 사랑해요!
그리고 언재나(언제나) 반갑게 맞이하여 주셔서 감사합니다.
언재나(언제나) 즐겁게 고맙게 해 주셔서 감사합니다.
그리고 우리의 사랑은 죽을 때까지 계속 있어요.
왜냐하면 우리는 하나님을 믿는 행복한 가정이니까요.
다른 나라에 가도 우리의 사랑에(의) 줄은 영원히 안 없어져요.
언잰가(언젠가) 할머니, 할어버지가 죽어도 다음에 모두 다 만나요.
(천국에서 모두 다 만나요.) 우리의 사랑은 영원히 있어요.
그러니 서로를 밋는(믿는) 행복한 가정이 되길 바레요.(바래요.)
우리는 아직 잘 살고 있어요.
오늘부터 기도하면서 슬기롭게 잘 해처(헤쳐) 나가길 바래요.
할머니! 할아버지! 사랑해요.

2009년 5월 6일 목요일 날짜 민성이가

Future is yours.
Life is like a box of chocolates, you never know what you are going to get.

할아버지 할머니께,
할머니 절 예뻐해 주셔서 감사합니다. 할아버지 내가 하고 싶은 것을 사 주셔서 감사합니다. 할아버지 할머니 재 말을 잘 들어 주셔서 감사합니다. 앞으로도 전 기쁘게 해 드리며 저도 할머니 할아버지를 기쁘게 해 드리겠습니다. 할머니! 할아버지! 사랑해요. 그리고 언재나 반갑게 맞이해 주셔서 감사합니다. 언재나 즐겁게 고맙게 해 주셔서 감사합니다. 그리고 우리의 사랑은 죽을때 까지 계속 있어요. 왜냐하면 우리는 하나님을 믿는 행복한 가정이니까요. 다른 나라에 가도 우리의 사랑에 죽음 영원이 안 없어저요. 언재가 할머니 할아버지가 죽어도 다음에 모두다 만나요. 우리의 사랑은 영원이 있어요. 그러니 서로를 믿는 행복한 가정이 되길 바레요. 우리는 아직 잘 살고 있어요. 오늘부터 기도하면서 슬기롭게 잘 해쳐 나가길 바레요. 할머니!! 할아버지!! 사랑해요.
2009년 5월 6일 목요일. 날짜
민성이가.

04
"할아버지가 민성이에게"

민성이에게
요즈음 민성이 학교에 공부도 잘하고 밥도 많이 먹고 운동도 많이 하고
학교에 잘 다니는지 궁금하구나
양산에 할아버지, 할머니는 별일 없이 잘 있단다.
집에 와서 민성이 편지를 자세히 잃어보고(읽어보고) 너무나 놀랬다.
마침 범어에 있는 목사 사모님과 전도사님이 우리 집에 놀러와서
민성이 편지 내용을 잃어보고(읽어보고) 너무나 감동하여
박수를 치고 찬송가를 부르며 민성이에 대한 기도를 함께 올렸다.
편지의 내용은 우리의 사랑은 죽을 때까지 계속 하고 있어요. 다른 나라에
가도 우리의 사랑의 꿈은 안 없어져요. 언젠가 할아버지, 할머니가 죽어도
다음에 모두가 다시 만나요. 우리의 사랑은 영원히 있어요.
그러니까 서로를 믿는 행복한 가정이 되길 바래요.
또 기도하면서 슬기롭게 잘 해쳐 나아가기를 바랍니다.
위의 편지 내용을 잃어보고(읽어보고) 국민(초등)학교 어린 아이가
이르한(이러한) 글을 쓰게 됨은 깜짝 놀라지 않을 수 없는 사실이라고
말하며 칭찬하지 않을 수 없다고 큰 박수를 쳤읍(습)니다.
 앞으로 공부 열심히 하여 훌륭한 사람이 되기를 바라며 이만.

2009년 6월 1일
할아버지, 할머니 보냄

민성이에게

요즈음 민성이 학교에 공부도 잘하고 말도 잘들으며
운동도 많이하고 학교에 잘다니는지 궁금하구나
양산에 할아버지 할머니는 변함없이 잘 있단다
집에 와서 민성이 편지를 자세히 읽어보고
너무나 놀랐다
마침 옆에 있는 목사 사모님과 전도사님이 우리집에
놀러와서 민성이 편지내용을 읽어보고 너무나 감동하여
박수를 치고 찬송가를 부르며 민성이에 대한
기도를 함께 드렸다
편지의 내용은 우리의 사랑은 죽을때 까지 계속하고 있어요
왜냐하면 우리는 하나님을 믿는 행복한 가정이니까요
다른 나라에 가도 우리의 사랑의 끈은 안없어져요
언젠가 할아버지 할머니가 죽어요 다음에 모두가
다시 만나요.
우리의 사랑은 영원이 있어요
그러니까 서로를 믿는 행복한 가정이 되길 바래요
또 기도하면서 슬기롭게 잘 헤쳐 나아가기를 바란다
위의 편지 내용을 읽어보고
국민학교 어린 아이가 이르한 글을 쓰게 됨은 깜짝놀라지
않을수 없는 사실이라고 말하며
칭찬 하지 않을수 없다고 큰 박수를 쳤습니다
앞으로 공부열심이 하여 훌륭한 사람이 되기를 바라며 이만

2009년 8월 1일
할아버지, 할머니 보냄

에필로그...

올해 아들이 군에 가게 되었습니다. 감회가 새로웠습니다. 각 가정의 첫 아이는 무엇이든 처음입니다. 아이도 세상에 태어나 모든 것을 처음으로 맞이하지만 첫 아이를 나은 부모도 자녀는 처음입니다. 이 자녀가 우는 것도 처음 보고, 기침하는 것도 처음 보고, 자녀가 모유 먹기, 이유식 먹기, 밥 먹기, 응가하기, 뒤집기, 배밀이, 일어나 앉기, 일어서기, 걷기, 뛰기를 하는 것도 처음 봅니다. 모든 것이 신기합니다. 물론 '겪지 않았으면......' 하는 일들도 있습니다. 차 사고가 나서 다친 일도 있고 중학생 무렵에는 말수가 줄어들어 답답한 일도 있었습니다. 그러나 그 또한 아이가 성장하며 자아를 찾아가는 과정에 겪어야 할 일이라면 경험해야 합니다. 그로 인해 부모의 마음은 아프지만 부모 또한 자녀를 키우며 오래 참으시는 하나님 아버지의 마음을 더 깊이 알아갑니다. 자녀가 세 명이니 세 명 모두 다른 경험을 하게 해 주어 더 많은 상황을 포용할 수 있어서 감사합니다.

부모에게 모든 것을 처음 겪는 신기한 세상으로 인도한 아이는 자라서 드디어 군에 갑니다. 부모를 거의 떠난 적이 없는 자녀는 군대에 감으로 부모와 분리됩니다. 물론 대학교를 멀리 타지역에 가서 분리되어 있었으나 마음만 먹으면 그 날 밤에라도 아들을 보러 갈 수 있었습니다. 배고프다고 하면 음식을 보내거나 아프다고 하면 바로 약을 사서 갈 수도 있습니다. 그러나 군대는 다릅니다. 군대 가서 약 한 달 동안은 연락도 되지 않고 보지도 못합니다. 우리 아이가 어떻게 지내는지 궁금합니다. 뉴스에서는 군대에서 불의한 일이 생겼다고 가끔 큰 기사로 나옵니다. 우리 아이가 그렇게 나쁜 일을 당하지는 않는지, 혹시 다치지는 않는지, 누군가가 힘들게 하지는 않는지...... 온갖 상상을 합니다. 다행이 훈련소를 떠나 자대 배치받았을 때는 훈련이 끝난 후 저녁에 휴대폰을 받습니다. 그래서 통화를 할 수 있었습니다. 주말도 통화를 자유롭게 할 수 있었습니다.

지난달 남편과 함께 아들이 보고 싶어 군대 근처에 숙소를 잡고 아들을 보러 갔습니다. 아들도 외박을 나왔습니다. 맛있는 음식을 싸 가지고 가서 밥을 해주고 이야기를 나누었습니다. 막상 만나니 계속 우리와 함께 있었던 것처럼 여겨졌습니다. 아들도 대화 중에 지금 여기 이렇게 있는 것이 자연스러운데 군대에 가는 것이 생소한 느낌이라고 했습니다. 물론 군대를 제대해도 늘 세상 가운데 살아온 느낌일 것입니다. 랭던길키는 《산둥수용소》에서 수용소 담장이 무너지는, 그토록 기다렸던 해방이 되어 며칠 후 두 번째로 위현(수용소 밖 지역 이름)으로 놀러 나가며 사람이 얼마나 빨리 옛날의 무심함으로 돌아가는지를 보고 놀랐다고 하였습니다. 그토록 오매불망 기다렸던 '해방'을 벌써 당연하게 여기고 아무런 감흥도 느끼지 못하고 감사히 여기지도 않았습니다. 오히려 감사하기 위해 옛일을 떠올리며 얼마나 힘들었는지를 상기해야 했습니다. 우리의 삶도 그렇습니다. 기쁜 일도, 슬픈 일도 과거의 일이 되고 다만 현재를 충실히 살아갈 뿐입니다. 우리는 현재를 기쁨으로 살아가는 것만이 가장 올바른 삶이 될 것입니다. 왜냐하면 미래는 오지 않았고 과거는 쉽게 잊혀지므로 현재를 충만하고 은혜롭고 감사함으로 보내면 진정 가치 있는 삶을 매 순간 살아가게 될 것이기 때문입니다.

아들이 군대의 일도 지나가는 과정임을 알고 그곳에서 할 수 있는 한 최선을 다해 할 일을 하고 쉬는 시간도 좋은 마음으로 지내기를 바랍니다. 현재를 기쁨으로 살아가는 가장 최선은 역시 현재 주어진 모든 것을 감사한 마음으로 바라보는 것입니다. 군대에 간 아들을 바라보는 엄마의 마음은 그곳이 새로운 환경을 여는 시프트(shift) 키가 되기를 바라는 마음입니다. 아들 마음이 감사와 기쁨으로 넘치기를 바랍니다. 군대라는 상황이 감사와 기쁨의 상황은 아니리라 생각됩니다. 그러나 군대의 경험이 이 세상을 살아갈 때 무엇이 도움이 될지 생각해 보는 것도 좋을 것이라 생각됩니다. 예를 들어 함께 훈련해야 하는 시간에는 훈련을 통해 강한 군인의 정신을 배울 수 있습니다. 혼자 있어야 하는 경계 근무 서는 시간 동안은 경계를 충실히 하면서 앞으로 살아갈 미래, 비전등 여러 생각을 할 수 있을 것 같습니다. 자극과 반응 사이에는 내가 선택할 영역이 있습니다. 주어진 환경에 대한 나의 반응은 내가 정할 수 있습니다. 아들이 그곳에 있는 시간이 국방의 의무를 다하는 것에 의의를 두지만 거기에 더하여 무엇이든 스스로에게 도움이 되는 시간을 만들기를 바랍니다. 갇힌 공간, 자유롭지 못한 곳에 있다는 자체가 힘든 상황임에도 불구하고 감사의 마음이 있어야 현재를 기쁨으로 지낼 수 있음을 알기에 감사하며 지내기를 바랍니다.

 자녀를 군대에 보낸 모든 분들이 자녀의 건강과 안전을 위해 기도할 것입니다. 저는 거기에 더하여 자녀들이 감사함으로 군대생활을 잘 보내기를 기도합니다. 감사를 찾을 수 없는 상황이라도 감사하며 주어진 일을 한다면 군대를 제대하고서도 감사한 마음으로 세상에서 살아갈 것이라 생각됩니다. 아들이 제대할 때까지 이 마음으로 기도합니다. 그리고 가장 바라는 것은 평화 통일이 되기를 기도합니다.

_유명희

모든 것이 하나님의 은혜입니다.